餐饮
管理实操
从新手到高手

罗　芳◎编著

中国铁道出版社有限公司
CHINA RAILWAY PUBLISHING HOUSE CO., LTD.

2024年·北京

图书在版编目（CIP）数据

餐饮管理实操从新手到高手 / 罗芳编著.— 北京：
中国铁道出版社有限公司，2024.1
ISBN 978-7-113-28124-3

Ⅰ.①餐…　Ⅱ.①罗…　Ⅲ.①饮食业-商业管理
Ⅳ.①F719.3

中国国家版本馆CIP数据核字（2023）第213717号

书　　名：**餐饮管理实操从新手到高手**
　　　　　CANYIN GUANLI SHICAO CONG XINSHOU DAO GAOSHOU
作　　者：罗　芳

责任编辑：郭景思　　　编辑部电话：(010) 51873007　　　编辑邮箱：guojingsi@sina.cn
封面设计：宿　萌
责任校对：苗　丹
责任印制：赵星辰

出版发行：中国铁道出版社有限公司（100054，北京市西城区右安门西街8号）
印　　刷：河北京平诚乾印刷有限公司
版　　次：2024年1月第1版　2024年1月第1次印刷
开　　本：710 mm×1 000 mm　1/16　印张：14.5　字数：208千
书　　号：ISBN 978-7-113-28124-3
定　　价：69.80元

前言

餐饮管理是一项集经营与管理、技术与艺术、传统与创新于一体的业务工作。无论是大型餐饮企业还是小型餐厅，要想不断发展，不被市场淘汰，都需要管理者做好各项业务工作，减少失误，更好地提供服务，获得更多回头客和新顾客。

而在餐厅管理中，经营者要做好哪些管理工作呢？编者认为大致包括采购管理、楼面管理、营销管理、厨房事务管理、收支管理，还有卫生与安全管理，这几项是营运管理的重中之重，涵盖了餐厅内部的各项工作，管理人员需要懂得如何开展相关管理工作。

不过对于管理人员来说，做好营运工作并不是一件简单的事，要面临收入弹性大、业务内容杂、影响因素多等难题，所以需要找到有效的方法才能真正顺利开展营运管理。

为了帮助餐饮企业的经营者和管理人员提升管理能力，编者编写了这本书，旨在帮助相关从业人员不断提升自身工作能力，为企业创造更多经济价值，同时也使更多管理人员成为管理精英。

本书共七章，可大致划分为三部分。

◆ 第一部分为第 1 章，这部分内容主要介绍了管理人员对自我的管理，即告诉管理人员要想更好地管理员工，首先要提高自己的工作素质，只有对自己高标准、严要求，才能使员工信服。

◆ 第二部分为第 2 ~ 6 章，这部分主要从餐厅日常事务出发，对采购、楼面服务、促销工作、厨房工作和财务收支工作进行详细介绍，内容包括采购渠道介绍、原料验收工作、原料储存、楼面服务要求、互联网营销、厨房安全、菜品生产与创新、控制成本、收银工作管理以及各种餐饮费用的管理，帮助管理人员从不同方向提高自己的管理能力。

◆ 第三部分为第 7 章，这部分主要介绍餐厅营运的安全与卫生工作，内容包括意外事故处理、食品安全管理、食物中毒处理、健康检查、垃圾处理、虫鼠防治，这些工作注重细节，又事关餐厅声誉，所以要引起管理人员的重视。

本书内容丰富，且书中配以大量的实用范本，读者可随取随用。另外，在每一章最后还添加了【工作梳理与指导】版块，包括"按图索骥""答疑解惑"和"实用模板"，分别对餐饮管理工作的各个方面的具体工作及流程进行梳理，对工作中存在的问题进行答疑，同时将餐饮管理工作中可能用到的一些制度、表单以实用模板的形式提供，尽可能地为读者提供更多的模板资料。

书中涉及的实用范本与模块 PC 端下载地址及移动二维码：

http://www.m.crphdm.com/2023/1109/14656.shtml

由于编者经验有限，书中难免会有疏漏和不足之处，恳请专家和读者不吝赐教。

编　者

2023 年 10 月

目录

第 1 章　不起眼的日常管理是基础

第 2 章　餐饮采购工作细划分

第 3 章　楼面管理工作精细又复杂

第4章 传统与现代营销结合使用

第5章　加强各项厨房事务管理

第6章　财务收支不能出错

第 7 章　做好餐饮营运与卫生管理

第1章

不起眼的日常管理是基础

从事餐饮行业的管理人员可能负责的项目会比较多,但是其日常工作和基本的职业素养是开展工作的基础。只有了解餐饮工作,做好工作计划,合理授权下属工作,及时与下属沟通,随时进行形象自检,才能有机会脱颖而出,在餐饮领域大放异彩。

1.1　如何开展个人日常工作

作为餐饮企业的管理人员，每天要处理的工作繁多。为了不遗漏重要的工作项目，负起管理责任，管理人员要制订好工作计划，有条不紊地开展自己的工作，还要掌握一些基本的管理技能，即工作的授权。

1.1.1　根据工作内容制订工作计划

工作计划是对一定时期的工作预先作出安排和打算，在现代职场中，工作计划的运用极为常见，通俗来讲，就是我们所说的工作日程，只不过更加精细。餐饮管理人员如何根据工作内容制订工作计划呢？自然先要梳理自己的工作内容，对自己的工作进行一次盘点。

餐饮业管理人员的常规工作是根据企业或餐厅的经营业务、人员配置、责任分派等方面来落实，并不是千篇一律。下例所示为某餐饮企业管理人员的日常工作内容。

实操范例 **某餐饮企业管理人员工作内容梳理**

某餐厅依据经营业务对厨房管理人员的工作内容作出如下安排：

1. 在总经理的领导下，全面负责厨房的管理工作，执行主管总经理的工作指令，并对其负责和报告工作。

2. 协调厨房各部门及厨房职工的工作。

3. 抓好成本核算，加强食品原材料、各类物料、水、电、燃料的管理。

4. 与工程部配合负责监督厨房设备的维修和保养工作。

5. 遇有大型宴会与餐厅负责人商议具体事项，做出烹调与服务等有关的要求。

6. 定期召开厨师例会，同厨师讨论分析销售情况及新产品开发进度。

7. 做好食品卫生，厨房环境卫生管理和消防安全管理，制定厨房各项卫生制度。

8. 每天查阅厨房退菜和投诉情况并进行处理。

9. 注重时令菜肴的供应，开发一些成本低、各层次客人都能接受的菜肴。

10. 关心员工，注重人性化管理，以提高员工凝聚力，发挥他们的潜力。

除了这些常规工作，近期总经理又提出了新的工作目标和指示，即希望在新一季度里提高 5% 的营业额，以及精减厨房人员。

针对以上内容，该管理人员要如何计划工作呢？我们先来了解工作计划的几种类型（表 1-1）。

表 1-1　不同分类方式下的工作计划类型

分类条件	工作计划类型
时间长短	可分为长期工作计划、中期工作计划和短期工作计划 或年工作计划、季度工作计划、月工作计划和周工作计划
紧急程度	可分为正常的、紧急的和非常紧急的工作计划
制订计划主体	自己制订的和上级下达的工作计划，以及同等职位请求协助完成的工作计划
任务类型	可分为日常工作计划和临时工作计划

这里以时间为划分依据制订该餐饮管理人员的周工作计划，先对工作内容进行划分，分为日常工作、近期工作、重点工作，制订出工作计划的雏形。

实操范例 餐饮管理人员工作计划制订

日常工作：安排厨房准备工作（每日），检查食物原料使用情况（每日），检查水电煤气的花费（每日），检查厨房设备（半月一次），召开厨师例会（每周一次），确保时令菜品供应（每日），查阅厨房退菜和投诉情况（每日）召开员工会议（每月一次）。

近期工作：开发新菜品，挑选新供应商，重新制订水电使用标准以及厨房人员结构。

重点工作：宴会安排，卫生检查（每周一次），消防检查（每周一次），处理投诉。

接着，用表格形式按日期和时间段梳理工作计划，方便查阅，见表1-2。

表1-2 餐饮管理人员工作计划表

时刻	日 期					
	26日（星期三）	27日（星期四）	28日（星期五）	29日（星期六）	30日（星期日）	31日（星期一）
8:00	确保菜品供应	确保菜品供应	确保菜品供应	确保菜品供应	①确保菜品供应②督促布置宴会厅	①确保菜品供应②检查厨房设备
11:00	检查开店各项事宜	检查开店各项事宜	检查开店各项事宜	检查开店各项事宜	检查开店各项事宜	检查开店各项事宜
13:00					①卫生抽查②消防抽查	①核准各项水电花费②了解水电使用情况
15:00	提醒采购部，采购宴会食材			督促后勤清扫预留宴会厅		
18:00	核实宴会装饰物是否齐全		要求厨师下周一前提交新菜品创意			①召开员工会议②与采购商议新供应商事项
21:00	安排明日厨房工作	①安排明日厨房工作②通知明日18:00厨师开会	安排明日厨房工作	安排明日厨房工作	安排明日厨房工作	安排明日厨房工作
22:00	汇总食材原料数据	汇总食材原料数据	汇总食材原料数据	汇总食材原料数据	汇总食材原料数据	汇总食材原料数据

知识扩展 工作项目懂分解

对于近期目标或工作，管理人员很难一步完成的话，一定要懂得提前安排，分解成几步，并计划合理的时间，因为有的事宜早不宜迟，而有些事则宜迟不宜早，不同的日期做不同的项目，最终完成所要达到的目标。

1.1.2 工作计划的基本格式

日常工作中，工作计划有文本和表格两种格式，无论选择哪一种，都要清楚写明工作任务和要求，以及工作方法、步骤和措施，都能有效指引我们开展工作。当然，表格列示更清晰明了，此处推荐利用表格，如月工作计划表模板，见表1-3。

实用范本 月工作计划表模板

表1-3 月工作计划表模板

年 月

日期		工作内容	涉及人员	备注	工作进度
1号	9:00	1.		※	○
		2.			
	11:00				
	15:00				
	……				
2号					
3号					
4号					
……					
重要程度符号表示：非常重要（※）；重要（△）；普通（无符号） 工作进度符号表示：已完成（√）；未完成（○）					

知识扩展 **工作计划四要素**

①工作内容，即做什么（what），就是我们常说的工作目标、任务、步骤，工作目标要明确，工作步骤要具体，有数量、质量和时间要求。

②工作方法，即怎么做（how），有了目标就该考虑实施措施，列明需要的资源、有哪些难处。

③合作对象，即谁来做（who），虽然是自己的工作，对管理人员来说，也未必能独自完成，还需要各个部门或员工的配合、帮助，或是直接指定负责人员。

④工作进度，即什么时间做（when），工作有轻重缓急之分，也有具体的完成期限，需要管理人员考虑协调性，既要有总的时限，又要有每个阶段的时间要求。

1.1.3 工作计划 App

现在手机程序的使用能够轻松解决工作计划的填列与提醒，更加便捷与智能，餐饮管理人员可以好好利用，减轻工作负担。接下来介绍两个市面上通用的 App。

◆ 有道云笔记

有道云笔记是网易集团旗下一款专注提效的多平台记录收藏工具，能帮助学生和职场人士提效进阶，主要功能有以下一些方面。

①全面兼容 Office、PDF 等办公常用文档，无须下载即可查看编辑。

②特别支持 PDF 文件转 Word 文档功能。

③支持 OCR 文档扫描，更方便地记录文字。

④提供语音速记功能，无须打字。

◆ 印象笔记

印象笔记是一款专注于时间管理及效率的高效应用 App，支持添加任务、创建清单列表、设置提醒，帮助用户制订项目计划、安排行程计划、记录备忘事项、整理购物清单。

1.1.4 授权三要素和三大误区

授权是企业等组织运作的关键，同样是一种管理方式，授权的对象是人，管理人员将完成某项工作所必需的权力委托给他人，包括用人、用钱、做事、交涉等决策权。但很多管理人员难以掌握授权的技巧，导致工作效率并未提高。

因此，作为餐饮企业的管理人员应该对授权管理有更多的认识，在授权时要遵循以下一些原则。

①相近原则。一是指不要越级授权，直接给下级授权；二是指应把权力授予最接近做出和执行目标决策的人员，一旦发生问题，可立即做出反应。

②授要原则。授给下级的权力应该是下级在实现目标中最需要的、比较重要的权力，这样才能解决实质性问题。

③明责原则。授权的同时要明确相关人员的职责，包括责任范围和权限范围。

④动态原则。针对下级的环境条件、目标责任及时间差异，授予不同的权力，从实际需要出发授权。

> **知识扩展** 如何实施动态原则
>
> 动态授权的方式：
>
> ①单项授权，只授予决策或处理某一问题的权力，问题解决后，权力立即收回。
>
> ②条件授权，在某一特定环境条件下，授予下级某种权力，环境条件改变了，权限也随之改变。
>
> ③定时授权，授予下级的某种权力具有时间期限，到期权力收回。

为了避免无效授权，管理人员要明确授权三要素，即工作任务、相关权力、承担责任。具体来看以下范例。

实操范例 管理人员将完善会员系统的任务交给领班

　　某餐厅管理人员为了更好地了解顾客的需求和意见，提高顾客回头率，决定更新和完善会员系统，她将这一任务交给了在一线工作的领班，不过效果一般，她是如何授权的呢？

　　首先，她在会议上提出，希望领班张某能尽量提高回头率，收集资料，以便完善会员系统，有什么问题可以随时向她汇报和提出。

　　然后，领班在实际工作中，重新提高服务员的服务标准，建立了一套客户投诉处理模板，并开展对服务员的培训，餐厅的口碑有所提高，不过回头率的提高仍不明显。

　　这时，餐厅领班已经收集整理了一些客户资料，便想更新会员系统，希望更紧密地与顾客联系，当然领班没有登录管理会员系统的权限，只能向上申请，每次使用都要申请一遍，让工作变得烦琐，效率也不高。

　　上例中，管理人员将提高顾客回头率的任务交给直面客户、工作在一线的领班，这是个不错的决定，因为一线员工一定比管理人员更清楚顾客的需求和类型，也更容易收集客户资料。

　　不过该管理人员显然不懂授权的技巧，对于授权三要素，没有清晰直接的表示，让工作效率大打折扣。

　　一来，工作任务没有说清说细；二来，没有充分信任领班，给予足够的权限；三来，权限背后的责任问题，自然也不了了之。针对这些问题，管理人员只有一一完善，才能真正做好授权工作，不仅完成总经理下达的任务，还能节约自己的时间。

　　　　管理人员安排领班张某，由下月开始需要负责提高客户回头率及完善会员系统的工作。

　　努力让进店客户加入餐厅会员，收集客户资料，对于客户忌讳食物、过敏食物、家庭结构、生日、纪念日等信息进行完善，提高服务水平，制定奖惩制度，增删投诉处理规章。

今后，领班在职期间可以自由使用会员系统登录、修改权限，会员系统由本人与领班共同管理，领班可自由登录，不必向上汇报。

不过，领班需注意有责任维护会员系统的安全，会员系统不向其他服务人员开放，不得向其他职工透露登录密码，更不得随意泄露客户资料，否则将以渎职论处，若情节严重，餐厅有权报警处理。另外，该权限只在任期期间有效，若领班离职或是调往餐厅其他岗位，立即收回，交给下一任领班。

对于授权的基本内容和构成有所了解后，管理人员还需认识授权管理的几条误区，免得在不知不觉中犯了错误，造成授权工作的失败。

①用人有疑。俗话说"用人不疑，疑人不用"，这是管理工作的一项经典法则。若怀疑下属能力，或是不信任对方，又何必交付重要的工作，一步一问，不仅员工不能展开工作，也会觉得自己不被信任，打消其积极性。要么管理者找适合的人员工作，要么就放弃授权。

②事必躬亲。一个能力强的人往往会有一种心态，就是交给别人工作，不如自己来，这是管理者的大忌。越大的公司处理的事务越多，管理者很难面面俱到，如不及时授权，只怕会带来更大的工作纰漏。

③怕权柄旁落。很多管理者都怕授权给他人，自己对下属的控制就变小了，职权也会渐渐减少，其实，管理人员要胸怀宽广，不要拘泥于一时之位，只有上级交办的任务完成得更好，才会显得自己有能力、会用人，晋升的机会才能更大。

1.1.5 掌握授权技巧工作更高效

李思是某餐厅的负责人，平时负责各项餐饮营运工作，为了留出更多的精力处理扩店事宜，李思决定让楼面经理负责经营预算的有关工作，并嘱咐其善用各类资源，不要负担过重。

之后，李思便外出选址，楼面经理杨某也开始着手财务资料的收集、分析，不过与财务部沟通时出了问题。财务部相关人员称没有上级的指示，难以将财务报表交与杨某，杨某没有办法，恰巧李思又外出公干，拿到授权指示变得麻烦起来……

由上例我们可以看出授权不是一件简单的工作，还需要一定的技巧，李思犯了什么错呢？他忘了授权要公开进行，最好在会议上宣布，而不是在办公室内私下进行，这样相关人员才会知道、明白。尤其涉及财务方面的项目，要更加严谨，最好有批示的公文，这样财务人员才会按章办事。

以下是管理人员需要掌握的授权技巧，当我们了解以后，则不会留有隐患。

◆ 正式公开

授权是对下属的一种肯定，是培养下属的好机会，涉及有关权限的赋予和转移，如果不够正式，也没有公开宣告，不仅难以让下属重视，也让职工不将授权当回事，处处不配合工作。

餐饮管理人员可选择正式的场合，严肃措辞，而不是在食堂、聚餐等环境随口说出。而且授权不仅要针对下级，其他相关人员、管理者也要通知到位，告知其现在的负责人是谁，其负责的权限又有哪些，如需正式文件，还要及时准备盖章。

◆ 划定合理的权限范围

虽然管理者应该相信下属，但在授权时仍要注意细微的差别。相信并不等于滥用职权，而是要建立在具体的权限范围内，没有边界，让下属做了能力范围之外的事，反而会带来难以想象的风险。授权时善用如下句式：

在××时间内，你可以使用……，有……的权力，但不包括……

一般，管理者可交给下属的工作类型有四种。

①技术类的工作，如菜品开发、系统升级等。

②社交工作，对于繁杂的社会交往工作，若不能推脱，可交给下属。

③杂项整理工作，千头万绪的细微工作最耗心神，交给细心的人处理更有效率。

④适合下属的工作，结合下属的能力，管理者可以物尽其用，人尽其才。

◆ **规定禁止行为**

有的下属一旦得到授权，容易不惜代价完成目标，提高工作业绩，这可能会使得其做出一些违规行为，如从供应商那里吃回扣，影响餐厅的声誉或正常经营，管理者有必要向下属提及禁止行为，并告知违规处罚。这样可以保证授权工作有序进行，让得到授权的员工约束自己的行为。

掌握了基本的授权技巧，管理人员可按授权程序向下属安排工作，如图 1-1 所示。

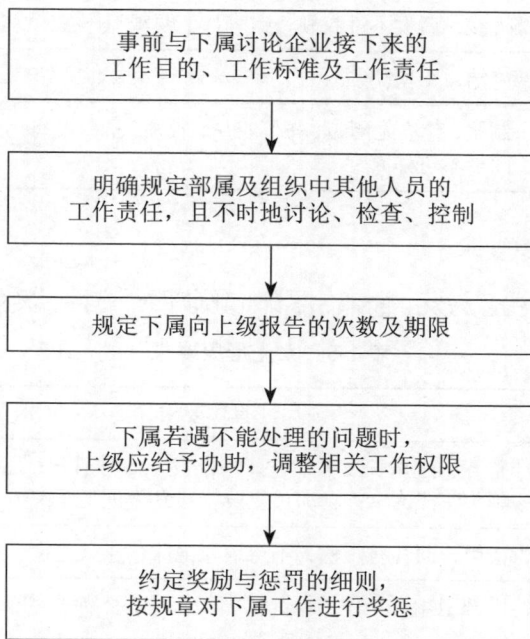

事前与下属讨论企业接下来的
工作目的、工作标准及工作责任

↓

明确规定部属及组织中其他人员的
工作责任，且不时地讨论、检查、控制

↓

规定下属向上级报告的次数及期限

↓

下属若遇不能处理的问题时，
上级应给予协助，调整相关工作权限

↓

约定奖励与惩罚的细则，
按规章对下属工作进行奖惩

图 1-1 授权程序

1.1.6 时刻管理个人工作形象

任何企业在面向外界时，都需注意维护企业的形象，而作为餐饮企业的管理人员及从业人员，对自身形象应该尤为注意，衣着、面貌、态度无一不是向顾客展示餐厅面貌的部分。

而由于餐饮行业的特殊性，企业需要格外注重干净、卫生、整洁，这不仅体现在环境上，也要高标准地要求员工做到自身形象的整洁干净。为了给员工树立好的榜样，管理人员对自身形象亦要高标准、严要求。

◆ 男士形象要求

男士形象要注意头发、面部、制服三个部分，具体要求见表1-4。

表1-4 男士形象要求

注意区域	具体要求
头发	短发，梳理整齐，干净，定时清洁，不染发，两边鬓角不压耳，前发不遮挡视线，后发不过衣领；厨房员工要戴工作帽
面部	面部清洁，不留胡须
制服	统一制服，整洁无褶皱，扣好衣扣，衣领、袖口没有污迹，下摆在裤内，内衣、内裤不可外露

◆ 女士形象要求

女士形象要注意头发、面部、手部、饰物四个方面，具体要求见表1-5。

表1-5 女士形象要求

注意区域	具体要求
头发	梳理整齐，过肩长发需盘发，不染发，定时清理；服务人员需正确佩戴统一制头花或饰物；厨房员工要将头发藏进工作帽中
面部	淡妆上岗，面容有气色，不得浓妆艳抹，注意花妆，及时补妆
手部	保持手部卫生，指甲清洁，不留长指甲，不涂指甲油，不做美甲，注意手部保湿
饰物	除手表外，禁止佩戴其他饰物，包括耳环、戒指、手链、项链等；禁止佩戴奇形怪状的时装表，以大气简约为标准

知识扩展 餐饮从业三大素养

微笑：面对客户时，微笑是第一法则，也是展示友好的信号，面无表情会将顾客推远。

举止内敛：服务行业不需要员工过多展示自己，而是将精力放在顾客身上，无论行走、站立、蹲坐、说话，动作幅度要小，这样才显得优雅、训练有素，且不会在店内拥挤时冒犯到客人或碰到餐具。

礼貌用语：无论是对客户，还是对其他员工，礼貌用语应该变成工作用语，熟练使用，传递餐厅的整体服务质量。

餐饮管理人员要时刻约束仪表、微笑、举止、言语这四个方面的表现，这共同形成了个人形象。为了将约束落到实处，很多企业都会编制员工形象规定，通过具体的文本和奖惩考核员工。

实用范本 某公司餐饮从业人员仪容仪表规定

一、一般规定

1. 按公司统一规定着装，工作服保持清洁无破损，服务牌应端正别于左胸。

2. 穿指定皮鞋和袜子，鞋子要保证清洁无破损，严禁穿其他鞋类。

3. 头发要保持清洁，男员工发际不得盖住耳朵和衣领，女员工不得披头散发。

4. 不留长指甲，女员工不得涂指甲油，男员工要勤刮脸修面，不留胡须。

5. 不得使用有异味的化妆品，不允许浓妆艳抹；除手表外，不允许佩戴其他饰物。

6. 不允许在营业区域内有梳头、修指甲、吐痰、吹口哨、叉腰等有损服务形象的行为，行走要规范，任何情况下不允许跑、跳。

…………

二、举止规定

1. 站立。

…………

2. 行走。

行走时挺胸、收腹、沉肩、垂肘，身体重心略向前倾，低抬腿、轻落步，不发出大声响，不拖腿，不晃肩扭腰，表现精神饱满有朝气。

3. 手势动作。

（1）服务时手势运用正确、规范、自然。

（2）给客人指示方向，手臂伸直，手指自然并拢，手掌向上，眼睛兼顾客人和指示目标，面带微笑，配合语言。

（3）与客人交谈或提供服务，手势不可太多，动作幅度不宜过大。

4. 操作服务。

（1）操作时不允许有餐具的撞击声。

（2）递茶、上茶、撤餐具要稳拿稳放，用手势提醒客人。

（3）关门开门不可过猛。

（4）应答客人时不能高声回答，距离远时可点头示意领会，任何时候遇到客人都要点头示意。

（5）随时捡拾行进路上的纸屑和杂物，动作不宜过猛。

三、行为规范标准

…………

违反规定任意一条，记录一次，满3次扣一半奖金；满5次不发奖金；超过5次重新培训或辞退。

1.2　有沟通才能协作工作

管理工作的其中一项便是沟通事宜，管理人员与员工沟通的结果，会影响工作的氛围，以及完成情况。若是管理者不懂沟通的方法，会加重内部壁垒，使积累的问题得不到解决。

1.2.1　如何与员工保持沟通

餐厅管理中信息的传达非常重要，作为管理者怎么传达自己的意思呢？邮件、手机、当面？如何开场？如何结尾？如何抚平员工的情绪？如何让员工接受？这些都是日常沟通中要面对的问题。

面对不同的情境，管理人员选择的用词、语言风格、态度都应有所改变，这样才能真正做好沟通，下面列举一些职场中常见的沟通情境，更直观地认识沟通技巧。

◆　指出员工问题

管理人员下级也不一定都是能干得力的下属，更多的是有不同缺点的下属，为了让下属更好地进步，提高工作效率，管理人员少不了要提点员工，以让其不断进步。

不过直接指出员工的缺点，可能让其一时难以接受，还有可能影响其情绪和工作积极性。那要如何做呢？来看下例。

实操范例 希望厨师提高出菜速度

某餐厅厨房王师傅出菜的速度低于平均水平，已经接到超过三个客户的投诉，于是主管人员主动找其沟通。

主管：王师傅，恭喜你，你的新菜品××大获成功，已经被客人接受，很多老顾客还会点名要这道菜。

王师傅：谢谢，这真是一个好消息。

主管：我已经向总经理提过了，要为你加绩效，以激励你做出更多的新菜，这样餐厅有了口碑，我们也有口福了。

王师傅：好的，我对研究新菜有很大的兴趣，主管支持，我的工作更好做了。

主管：对了，最近餐厅的客人越来越多了，我们还希望出餐速度更快点，餐厅又要控制成本，厨房没有添加多的人进来，还请你多担待，也好满足高峰期间的客户需求。

王师傅：我了解，我一向看重菜品质量……

主管：谁不知道王师傅你最看重菜品质量和卫生了，我都经常让其他师傅向你学习，我也知道你负担过重，你有任何需求可以提出来，或是对学徒不满意，或是对食材不满意，我一定尽力调节，保证你的工作状态，以免客户投诉。

王师傅：您说的我都记住了。

主管：厨房里你是主心骨，我们对你实在看重，只有你保证效率，餐厅营业才越多，我们都靠你吃饭了，哈哈。

这位主管想要让厨师提高出菜速度，不过并未直接提到这一点，而是有一定的铺垫，先提出其优秀的地方，再提出寄望，最后还表示会尽力帮助和配合其工作，这样员工也更能接受了。

这种谈话形式，有表扬，也指出问题，还有期望，并表明了支持，不会让员工一味接受负面情绪，让其变得消极，能真正让员工意识到自己的问题。

◆ 随时随地激励下属

管理人员要养成赞美激励员工的习惯，无论是电梯内碰见、食堂内用餐、还是饮水间聊天，不在办公场地，彼此相处更轻松，在这些场合表达对员工的赞美、欣赏，不用太正式，既能彰显管理人员的亲和力，又能拉近彼此距离，让员工对工作充满信心。常用句式如下：

> 最近仪容仪表更讲究了，干劲满满啊！
>
> 刚才早会的发言很有见地，比起上次进步很大。
>
> 你这次宴会的布置很有新意，庄重而精美，看来以后交给你我就放心了。
>
> 今早我走过大堂，看一个一个都屏息凝神，就知道是你培训得好。
>
> 最近店里生意好，你没少忙，辛苦了。

◆ 态度公正

管理一大批员工，少不了出现员工之间有争执的情况，至于谁应该负责？谁的失误？谁主动挑起的？这些问题事后都能查清楚，一开始员工进行汇报时，管理人员勿要包庇、偏袒任意一人，而要尽力抚平双方情绪，了解情况，表明会公正处理，以免一方员工不平，日后介怀在心。

实操范例 餐厅领班与服务人员有矛盾

大堂领班周某与服务人员李某起了争执，两人争执不下，所以请求管理人员处理，两人分别与管理人员有了如下对话。

管理人员：小周，怎么回事啊？在大堂闹成这样，还有半个小时就营业了，这样多不好。

周某：主管，就是因为马上营业了，所以我才催促小李让他快点将餐桌摆件摆好。

管理人员：你这样做也无可厚非，不过为什么会吵闹起来呢？你是不是语气太过严厉了。

周某：我脾气是有些急躁，但也不至于气势凌人，是小李不但没有行动，反而说小张桌子没擦，他不摆盘了，我就稍微批评了他几句。结果，他反过来和我争执。

管理人员：我一再说管理要懂技巧，不是一味发脾气，你们这样气顶气，工作还怎么做下去，与其批评他，不如号召每个人行动起来，提高工作效率。行了，你先出去，督促他们加紧整理，一会儿开店了，我再了解一下情况。

…………

李某：主管。

管理人员：小李，刚刚怎么了，今天情绪不太好？

李某：没有，我只是觉得，每个人的工作责任都是安排好的，领班不去指责小张，反过来指责我，我也太委屈了，他都没擦好桌椅，我也没法摆盘，上来就说我的不是……

管理人员：我刚刚也大致了解了一下，你们领班脾气是急了些，一时也没想得那么周到，的确不该把责任推给你，不过你们是一个集体，要互相督促，工作才能做下去。

李某：我刚脾气也有些上头了。

管理人员：这只是一件小事，情况我也了解了，很快就会有结果的，你放心，我会公正处理。

对于员工间的矛盾，管理者最忌和稀泥，各打五十大板，其实两方都不认同，觉得自己委屈。管理者在平复双方情绪后一定要调查清楚事实，按公司的规章制度处理。

知识扩展 调节员工矛盾的基本法则

首先，管理人员不能和稀泥，要摆出理清争执的态度，将事情弄清楚；其次，处理时以批评为主，惩罚为辅，即使严厉地批评员工，也不及处罚带给员工的影响，指出其不当之处，稍加惩罚，能令其认识到自己的错误；最后，让双方再次明确自己的责任和职权，不要越界行事，也不要推卸责任，以做好自己的工作为上。

◆ 主动与内向员工沟通

一个团队中，员工类型各有各样，有的员工外向，有的员工内向，有的员工沟通能力强，有的员工就像个"闷葫芦"。遇到不善沟通、不会表达自己意见的员工，管理者应主动与其交流。下面来看一个范例。

实操范例 与采购员交流春笋采购

某餐饮企业新来的采购员林某是一个非常内向的人，平时虽然按时完成工作，但与领导、同事的交流太少，或多或少会影响工作的契合度，于是管理人员赵某，时不时与之交流。

赵某：小林，明天上午10点有没有时间？

林某：有的。

赵某：那你来我办公室一趟，想跟你谈谈新的采购项目。

林某：好的。

赵某：马上到春笋的产出时间了，我们要尽快采购一批春笋，让客人吃到一些应季的食物，更可口美味。大概每周要有100斤。具体还需根据需求量来调整。

林某：嗯。

赵某：你有合适的供应商吗？

林某：其实去年我们在××那儿订的就不错，只是不知会不会涨价。

赵某：那你提前了解一下吧，如果涨价太多，还要有备选供应商。

林某：好的。

赵某：我们的预算单价在7.5元，你联系着，周五的时候向我汇报一下情况。

林某：好的。

赵某：有任何困难要提出来，可以微信我，或可以发我邮件。

林某：谢谢。

赵某：你进公司就把工作安排得很好，我很相信你，好好做，以后做大单也不是什么难事。

林某：谢谢领导。

从上例我们能看出内向型员工话都不多，经常以"好的""是的""谢谢"等来回复交流，作为管理者去改变他是件难事，也没有时间。主动交流、慢慢培养才是最佳做法。交流时要注意以下几个问题。

①提前通知。如案例中管理人员提前一天通知，给了对方充分的准备时间，有所缓冲，比起突然打开话题，不会让对方不知所措。

②下达任务精准，不要笼统地说。有的员工会主动询问具体是什么项目、什么时候完成、有没有注意事项等。但案例中这类型的员工可能不会问那么多，直接说明是最好的。

③表达善意和帮助。主动提出给予帮助的意愿，让对方感受到管理者的真诚。

④提供交流的渠道。对于内向员工，可能不擅长面对面交流，管理人员可提供电话、微信、邮件、企业软件等平台，鼓励其发表自己的意见。

⑤多鼓励。内向员工不太容易表达自己的情绪，管理人员多鼓励其做得好的地方，对其是很大激励。

1.2.2　常见的沟通障碍有哪些

职场与日常生活不同，虽然可以轻易打开话匣子，但可能存在很多我们意想不到的沟通障碍，让管理者难以与职工顺畅地交流。了解这些障碍，试图去解决这些障碍，对管理人员的工作有很大助益。那么职场沟通环节中有哪些常见的障碍呢？一起来了解一下。

◆ 组织机构层级过多

在餐饮企业内，会有采购部、财务部、厨房、后勤、大堂几个部门或团队，团队之内又分有组长、主管、领班、厨师长等不同职级。无论是跨部门交流，还是跨层级交流，都会导致信息的丢失。

而且每多一次传达，信息就少了一些，如服务员向领班传递有关客户信息，领班再向主管传递信息，可能就不如服务员直接向主管传递更准确、完整。一般来说，信息每经过一个中间环节就要丢失 30%。

这样的话，需要人力资源部或行政部好好调整公司组织结构，在合理的营运情况下，精简人员。

◆ 缺乏面对面沟通条件

如果餐饮企业规模较大，那么不同部门、不同门店之间的面对面交流很难实现，如主管要与地区门店长交流，可能需要提前安排行程，十分麻烦，也会影响交流的积极性和及时性。那么可利用以下两种方式来弥补。

①沟通渠道。将沟通渠道多样化，虽然面对面沟通是最好的，不过选择各种沟通渠道来辅助也不失为一种办法，以前职场常用的沟通渠道是邮件，不仅可以日常汇报，传递文件还很方便。现在有了微信及企业软件，无论是日常讨论、视频会议还是传递文件都可一键搞定。

②沟通活动。部门与部门、门店与门店之间的联谊活动还是很有必要的，可以增强企业凝聚力，给予职工之间更多的交流机会，打破组织壁垒，塑造管理者的亲和形象。

◆ 管理者个人形象

很多时候我们对人的印象，决定了要不要与之交流。职场中也是如此，管理者个人形象不佳，如孤傲、轻浮、不修边幅，都会影响员工是否接受你的观点和指导。

这点需要管理者时时自省，维持严肃、亲和、风趣、庄重的个人形象，从仪容仪表入手，改进谈吐，赢得员工的尊重，传递的信息才会被接受。

◆ 开明的工作环境

员工向上交流、提意见往往面临着很多阻力，包括心理的、职位上的差距，如果管理者摆出不接受意见，否定员工观点、创意的姿态，是很难鼓励员工主动交流的。

实操范例 餐厅进行新菜创意动员

某餐饮企业主管周某召开了新菜创意动员会，请厨房、服务人员参加，为新菜品的推出做前期准备工作。会议期间，周某鼓励大家积极发言。

帮厨李某：在我们老家有一地方小吃——油豆腐，美味又饱腹，作为饭后点心推出很有特色，而且辣口、甜口都能做。

周某：地方特色一般很难推广，我们暂时不考虑。

服务员唐某：最近有些顾客会问我们餐厅有没有沙拉，也许我们可提供沙拉作零食，或外带，弄起来也方便。

周某：沙拉很普通啊，不算创意菜品，而且我们是中餐厅。

领班：那要不引进一些民族食品，日常的即可，面饼、饮品都可。

周某：还有其他的意见吗？

厨师刘某：我最近研究了一份菜品，将广东肠粉做辣，改变烹饪方式，还别有滋味的。

周某：肠粉不算正菜吧，先记下再说。还有别的意见吗？

…………

结果会议最后，大家都没有意愿再提建议，一周过去了，事情仍没有进展。

由上例可以看到管理人员故步自封，导致的最终结果是集体沉默，管理人员孤军奋战。所以，开明的态度非常重要，管理者完全可以记下所有的想法，然后大家来讨论是否可行，而不是一言堂，自己就否定了。

就算管理者很有经验，有自己的判断，也可以在私下否定，然后直接公布最终结果，并奖励被接纳的员工，这样也能鼓励员工提出意见。

◆ 沟通形式僵硬

沟通的主体虽然是人，但沟通的介质也会影响人的主体性，比如有了电话，人的交流欲望增大了。管理者想当然地鼓励员工提出意见，等着员工上门提意见，却不知道这对员工来说并不容易。相反，管理者要主动创造沟通形式，最好让员工无负担地表达，如不记名意见箱，每月开箱一次，并制作好统一的员工意见表放在固定区域，便于员工随时拿取。结构比较简单的员工意见表模板，见表1-6。

实用范本 员工意见表

表1-6　员工意见表

部　门		工　龄	
建　议		理　由	
目前工作			
工作希望			
薪资职位希望			
评价领导			
部门弊端			
日期		查阅	

或是对企业内的重要问题做调查，发到每位员工手中，只需其进行选择即可，数据也方便统计。

1.2.3 面对不同沟通对象该怎么做

沟通对象是沟通中的一个主体，很多时候我们面对不同的对象，说的话乃至于态度都是不一样的。如面对老年人会略显恭敬，聊一些风土人情、家长里短；面对同龄人可能聊一些兴趣爱好、未来展望，语气多调侃放松；面对爱侣可能说一些甜言蜜语，也更不用忌讳；面对朋友，可能聊聊最新的电视剧、动漫、游戏，等等。

在职场中，沟通对象可以划分为三类：上级、下级和平级。就算是餐饮业的管理人员，也会有上级、下级和平级之分，面对不同的对象我们的交流细节也应有所区别。

◆ 面对上级

餐饮管理者向上级沟通多为汇报工作、请示、提出建议，由于处在下位，沟通的态度显得尤为重要，要注意分寸，不能在上级面前态度轻浮，也不必过分拘谨，不卑不亢正常汇报工作就行。

不过出现分歧时，下级怎么做就需要一定技巧了，下面来看一个范例。

实操范例 是否取消商场投屏产生分歧

某餐厅管理人员向总经理汇报工作时，产生了以下分歧。

总经理：这个月的利润不太好看啊。

管理人员：比起上个月是有所下降，我们还需要控制成本，再加大宣传力度。

总经理：控制成本的话，食材量要精准控制，这部分浪费最多。宣传这部分是不是投入成本也多，性价比到底怎么样？

管理人员：宣传有助于提高我们餐厅的知名度，可以吸引更多顾客。

总经理：如果效果不大，可暂时暂停一下。

管理人员：其实我已经仔细研究了，这是资料，我们前期采取的宣传方式太多了，导致成本大，效果也未必佳。可以将广播、电视这块停掉，保留商场投屏、传单。

总经理：商场投屏成本也高啊。

管理人员：是的，可以定期投屏，比如下月投屏后可以暂停。

总经理：这个月就可以停掉啊，改用传单，再策划一个营销活动。

管理人员：我同意策划营销活动，刚好下月有一个感恩节，我们好好利用应该能吸引不少家庭用餐人员。

总经理：那就交给你去办吧。

管理人员：没问题，一定办好。你看一下，这是 ×× 商场的人流量调查，很可观，我们上个月在那里投屏后，应该有 ×× 次的观看数据。

总经理：是吗？

管理人员：这个月我再让设计部改进一下内容，突出我们的主打产品，把元旦活动也加进去，一定有效果。

总经理：那行吧，你去办。

管理人员：那回头需要我把宣传片发您吗？

总经理：出版后天发我。

管理人员：好的，我明天再去聊聊投屏费用是否可以优惠一点。

总经理：你辛苦了。

管理人员：这是我的分内之事，一定会尽全力的。

总经理：好，那今天就到这儿吧，你让小周来一趟我办公室。

管理人员：好的，那我出去了。

上例所示，管理人员与总经理有关广告宣传费用产生了分歧，总经理想要取消商场投屏，管理人员有自己的看法，觉得保留会有好的效果。管理人员一面附和总经理的意见，一面陈述自己的观点，最终争取到了工作的机会。

我们可以从这个案例提炼出与上级产生分歧的一些应对方法：

1. 合理坚持自己的观点，不要因为上级反对就立刻改变立场，这样对自己的工作有影响，且不会给上级留下深刻印象。
2. 肯定上级的看法，表示了解这样做的益处，自己受益很多。
3. 不要直接说"不"。
4. 不过分坚持，如果上级最终不采纳你的想法，你也不用过分纠结，顶撞上级，做到自己该做的就可以了。
5. 不公开反对上级，私下提出自己的想法为佳。
6. 用数据、经验支持自己的观点，给上级同意的理由。

◆ 面对平级

平级沟通可以说是障碍最小、最轻松的交流状态，不过却可能因为彼此态度不真诚而导致沟通无效。

管理人员自己应先拿出真诚的态度，以平等的方式交流，或告知自己的需求，或提出建议，一些常见的技巧如下所示。

①追求双赢才是聪明人的做法，不要只顾一味提自己的诉求，而不考虑其他团队和部门的利益。

②日常联系很重要，不要只在有需求的时候联系，平日对方有需要帮助的时候，要热情主动。

③多渠道沟通，以面对面为主。

④注意沟通的语言风格，不在正式场合时可以更幽默、更生活化，有利于拉近彼此的距离。

⑤互相尊重，懂得让步。

◆ 面对下级

下级面对上级总是有职级上的差异，不易迈出第一步，所以作为上级要掌握主动性。一是不要显得自己高高在上，二是少说教，多用情感打动对方，三是对话不要模棱两可，要具体实在，这样下属才好实施。

1.2.4　懂得倾听是职场相处的法宝

不只是职场，任何沟通中倾听都是一件终极的法宝，向对方表达了一种在意和想要了解的姿态。倾听涉及三个方面的内容，包括接收信息、总结信息和做出反应。其中的关键在于以下两个方面：

1. 鼓励、引导员工表达，获得员工的想法和更多的信息。
2. 认真消化和理解员工的意思。

在此过程中，一些倾听技巧很有必要学习。

①使用简单的口语，如"嗯""好的""我明白""是的""这样啊""那很好"等，让对方知道你在认真倾听，简单的回应作用却不小。

②用疑问、反问引导对方多说一些，如"比如呢""接下来怎么样了""那该怎么办""说来听听"。

③表情与眼神也是表达兴趣的方法之一，专注的眼神对对方来说无疑是一种鼓励。

④注意对话交流的节奏，若是像连珠炮似的，会让对方喘不过气来，觉得倍感压力，在谈话的间断中提出自己想要了解的问题，也给了对方措辞的时间。

⑤适当简短精练地总结对方的表达，确保自己已经清楚，对方也可以提出不对之处。

⑥不要断章取义，留足充分的时间，有了充分的了解后，再提出自己的质疑，不要预设立场，一上来就各种反馈，否则只会加大交流难度。

工作梳理与指导

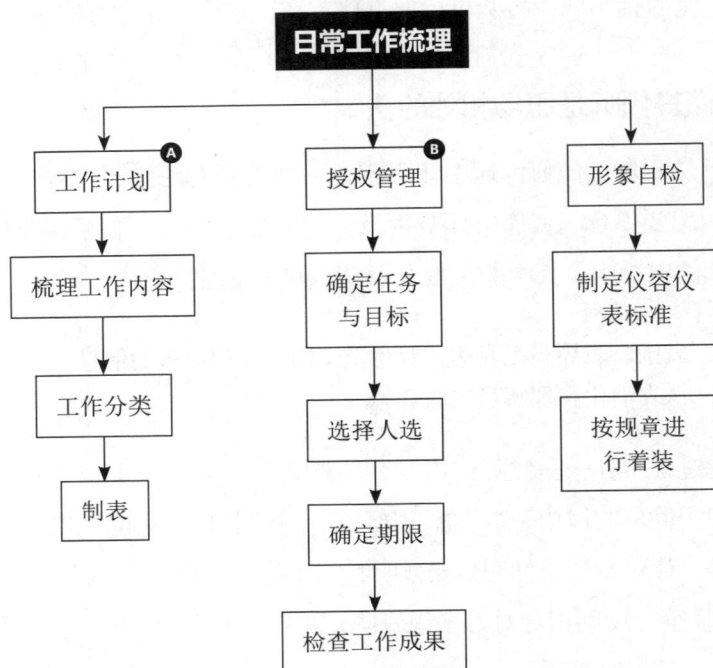

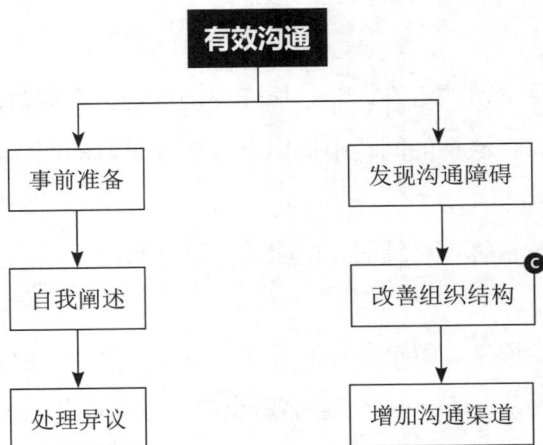

日常工作梳理

工作计划 (A)
→ 梳理工作内容
→ 工作分类
→ 制表

授权管理 (B)
→ 确定任务与目标
→ 选择人选
→ 确定期限
→ 检查工作成果

形象自检
→ 制定仪容仪表标准
→ 按规章进行着装

有效沟通

事前准备
→ 自我阐述
→ 处理异议

发现沟通障碍
→ 改善组织结构 (C)
→ 增加沟通渠道

流程梳理

────────────── **按图索骥** ──────────────

Ⓐ 工作计划的三大作用：一是提高工作效率，写工作计划实际上是对我们自己工作的一次盘点，能让我们有条理地完成工作，省下很多时间；二是提升管理水平，对于一个不断发展壮大、人员不断增加的企业和组织来说，领导精力有限，计划的重要性就体现出来了；三是化被动为主动，有了工作计划，无须等待安排，自己便可以做到整体的统筹安排。

Ⓑ 授权的必要性有四点：①授权是完成目标责任的基础，权责对应或权责统一，才能保证责任者有效地实现目标；②授权是调动部属积极性的需要，通过任务激发员工积极性，而权力是基础条件；③授权是提高部属能力的途径，在运用权限自主决定问题和控制中，将促使目标责任者对全盘工作进行总体规划，有利于能力发挥；④授权是增强应变能力的条件，有自主权才能应对多变的环境情况。

Ⓒ 组织结构是企业在职、责、权方面的动态结构体系，其本质是为实现组织战略目标而采取的一种分工协作体系。命令链是组织设计的基石，从组织最高层扩展到最基层，澄清谁向谁报告工作。它要能够回答员工提出的这种问题："我有问题时，去找谁？""我对谁负责？"，组织结构的精简和命令链的完整对组织内部的沟通有很大帮助。

────────────── **答疑解惑** ──────────────

问：面对下级，如何正确传递命令？

答：①首先，管理人员在向下级发布命令时，要保证命令的可行性，若是难以实现，却仍然交由下属去完成，则会加剧双方的矛盾与不理解，让工作效率大打折扣。②不要随意变更命令，管理人员在发布命令时一定要再三确认，朝令夕改会增加下属的工作负荷，且让管理人员的威严减弱。③管理人员安排工作不能仅仅是简单的一句话，而不给定任何条件，这样很难保证下属完成工作的效果，时间、标准、数量等因素都应该表述清楚。④下达命令的态度也是影响工作执行的重要因素，管理人员无须太过严厉，正常谈话即可。

问：管理人员想要赞扬下属，应该如何做呢？

答：对下属的赞扬虽然不是物质奖励，却仍然能带给员工激励和好的心态，而赞扬要达到效果需要一定的技巧。①管理人员不能随口夸赞，平时应将注意力放在下属身上，努力发现其优点，这样在赞扬时才会显得真诚准确。②赞扬要有针对性，若是千篇一律的话，只会让下属觉得你在敷衍，那么你得到的也是敷衍，虚伪的感情充斥在组织中，不利于团队建设。③赞美应该具体，这样就不会让人觉得假大空，管理人员最好能指出员工在哪次工作上表现

答疑解惑

良好，能令员工和同事信服。④赞扬员工也要注意场合，公开表扬的效果更好，还可以更好地激励其他员工。

问： 如果员工有任何不足，管理者要怎样批评员工呢？

答： 适当地批评指点员工，有利于员工个人和团队的整体发展，管理者应该掌握一些基本技巧。①以生活化开始，努力营造一个轻松的谈话氛围，免得员工紧张。②批评要有凭据，不能凭借自己的感觉指责员工，应该以具体的事例做载体，告诉员工哪里出了问题。③最好私下进行，当众指出员工的不足对其心理打击是非常重的，容易起到非常大的反作用。

实用模板

员工意见调查表 　　　　工作授权书 　　　　　餐饮工作计划

新进员工培训表 　　　　员工培训计划安排 　　　员工培训课程表

员工沟通记录表

第 2 章

餐饮采购工作细划分

餐饮采购工作是餐饮经营中的一环，从采购物资、菜品开始，企业的资金就开始流失，如果不把好采购这一关，企业的利益就难以保障。采购工作中的供应商选择、菜品验收、菜品储存不容有失，管理者应设计好工作标准和流程，方便监督查验。

2.1 采购渠道知多少

餐饮企业规模大小不一，采购渠道也选择多样，为了尽可能地节省营运成本，管理人员要选择最适合企业的采购渠道，考虑运输、价格、质量、方便等多方面的因素，保证每日不缺原料。

2.1.1 本地自采

本地自行采购是比较传统的采购方式，一般是在饭店同城或附近的菜市场或批发市场进行食材采购，适合小型连锁店、本地小型酒店或是所谓的夫妻店，这种餐饮门店的特点是采购量不大，菜品多为当地常见菜品。为了不让厨房菜品积压，可以随用随购，所以本地自采是最佳的选择。

管理人员可了解自采的优缺点，以帮助自己更好地作出决定。本地自采的优缺点，见表 2-1。

表 2-1 本地自采的优缺点

优缺点	具体内容
优点	①可货比三家，自主选择性更强 ②采购周期短，食材足够新鲜 ③每日所需可大致计算，不会积压菜品，造成损失 ④占地不多，不用另备大型仓库而增加仓储成本 ⑤菜源固定，不用担心没有来源 ⑥运输成本低、耗时短
缺点	①如果不是大批量采购，可能单价会高些 ②农贸市场的食材原料种类都有限，贵价食材可能难以选购 ③容易造成供不应求的情况 ④质量不一，难以保证菜品的平均标准 ⑤选择有限

2.1.2　网络采购

网上采购，是以计算机和网络技术为载体，通过网络这种成熟、便利的工具寻找产品及供应商资源，利用网络信息交流的便捷与高效进行产品的性能价格对比，并将网上信息处理和线下实际采购操作过程相结合的一种新的采购模式。

这两年，网络采购系统逐渐成熟，许多互联网采购平台如雨后春笋一般冒出，利用这种采购渠道，企业能尽可能地降低成本。网络采购的优势，见表 2-2。

表 2-2　网络采购的优势

优　势	具体内容
公开透明	利用网络平台让菜品、单价、需求量等采购信息公开化、透明化，有利于餐饮企业选择
效率高	采购过程标准化和电子化，使整个采购流程合理有序，提高了采购的效率，缩短了采购周期。从价格谈判到确定供应商，再到约定采购时间、运输原料，一条龙服务十分方便
范围广	网络采购平台把采购范围扩大到了全国乃至全世界的范围，餐厅更能挑选到价廉物美的菜品，以及更有竞争力的供应商
节约成本	网络采购能够有效地降低通信费用、采购费用，降低材料费和服务成本，不失为降低运营成本的好手段

网络采购以网站和 App 为主要平台，下面介绍一些常见的网络采购平台，以便管理人员了解和选用。

◆　庖安网

庖安网是餐饮全品类食材采购服务平台，公司通过整合基地农副产品，提供优质安全食材、优化供应链、满足市场多元化需求。

该网络平台有以下五大优势，将网络的优势完全发挥了出来。

①品类全：包括肉禽类、水产、蔬菜、五谷杂粮、果品和调味品，品类齐全。

②管家服务：7×24 小时随时待命，满足客户所有需求。

③速度快：闪速下单及配送。

④溯源安全：基地直采，直击源头，保证食材安全健康。

⑤价格低：产地直配，省去中间商差价。

庖安网的供应模式非常简单，如图 2-1 所示，一目了然，餐饮管理者可以直观了解其如何运作，以及自己如何从该平台采购到自己想要的食材。

图 2-1　庖安网供应模式

◆ 美菜商城

美菜商城致力于用互联网思维去改变国内农业市场和餐饮供应链，以独有的"两端一链一平台"模式，创新升级农产品供应链，提高流通效率，让利两端。专注为全国近千万家餐厅提供全品类、全程无忧的一站式餐饮食材采购服务。

◆ 宋小菜

宋小菜是数字化生鲜产业服务平台，作为全国蔬菜垂直交易平台之一，宋小菜采用以销定产的反向供应链模式，通过收集城市农贸市场商户的采购需求，对市场进行准确的预估。

依托核心数据库，宋小菜自主开发各类移动互联网工具，为上游生产组织者提供物流车辆调度、加工存储、农产品价格行情、农业供应链金融等多样化的产业服务，在下游消费地创新农产品流通模式，采取线上移动商城＋直播＋社群的方式，满足城市农贸从业者多样化的采购需求。

2.1.3 确定长期合作供应商采购

供应商供货也是比较传统的采购模式，需要企业管理人员和采购员寻找合适的供应商，谈好菜品价格，与供应商签订一定期限的供货合同，保证菜品供应，下面所示为餐饮采购合同范本。

实用范本 食品购销合同

甲方名称： （以下简称甲方）

地址： 联系电话：

乙方名称： （以下简称乙方）

地址： 联系电话：

乙方"营业执照"注册号：

乙方"食品流通许可证"编号：

为进一步规范企业食品及食品原料采购行为，确保食品及食品原料采购做到公平、公正、公开和采购的食品价格合理，质量符合食品安全要求，根据平等自愿和诚实信用的原则，经甲、乙双方协商，特签订购销合同，供甲、乙双方共同遵守。

一、供货商相关资质

乙方需向甲方提供本企业的"营业执照""食品流通许可证"和负责送货人员的"授权委托书"复印件，并交验原件，同时加盖乙方公章。

二、供货数量、时间、价格、地点

供货数量：视甲方的加工、烹饪需求而定，采购时，甲方提前1天通知乙方，乙方如不能及时供货，须及时告知甲方。

供货时间：按照甲方指定时间送货。

供货价格：乙方每周报价一次，价格应低于当周市场价格，同时不得高于本市餐饮企业所购同类同等食品及食品原料价格。

交货地点：乙方将供货食品送至企业食品库房。

三、供货质量与数量保证

（1）乙方所供的食品必须经国务院卫生行政部门认证认可的食品检验机构检验，并附有同批次"产品检验报告"复印件或"合格证"，同时向甲方提供由国家相关部门颁发与该产品有关的"生产许可证""营业执照""食品流通许可证"等复印件，并加盖乙方公章。

（2）乙方向甲方承诺，不得提供下列食品：

①用非食品原料生产食品或者在食品中添加食品添加剂以外的化学物质和其他可能危害人体健康的物质，或者用回收食品作为原料生产食品；

②不符合食品安全标准的食品；

③腐败变质、油脂酸败、霉变生虫、污秽不洁、混有异物、掺假掺杂或者感官性状异常的食品；

…………

否则，由此产生的经济损失由乙方负责承担，并负相应的法律责任。

（3）乙方所提供的食品，由甲、乙双方逐样过称，净重量误差范围不得超过 ±3%，如发现有不足称的，则当批货物按抽样平均重量计算。

（4）验收时，如有上述乙方向甲方承诺中包含的不得提供的食品，乙方自行收回。

…………

五、相关责任赔偿

1. 甲方如因食用乙方所提供食品发生食物中毒，经有关单位鉴定原因属实后，乙方除承担全部医药费、赔偿费用，同时承担全部法律责任。

2. 如在主管部门日常监督及抽样检验中有不符合食品安全要求现象，一切损失及相关处罚由乙方承担。

············

> **知识扩展** 购销合同中要注意几点
>
> 购销方式、情况、菜品不同，购销合同内容当然会有变化，不过，管理人员应该注意供货商相关资质、菜品质量标准、菜品净重量这三个方面的问题，不能大意，以免自己承担损失。

由供应商供货也有一定的优缺点，分别见表2-3。

表 2-3 供应商供货的优缺点

优缺点	具体内容
优点	①签订了采购合同，能保证采购菜品的质量 ②采购数量较大，采购单价会比较划算 ③长期合作的供应商能节省中间环节
缺点	①耗时长，增加时间成本 ②动用人力资源多，易造成人力资源的浪费 ③验货环节出现纰漏，不能及时发现菜品数量与质量问题

2.1.4 餐饮企业招标采购

招标采购是指采购方根据已经确定的采购需求，提出招标采购项目的条件，向潜在的供应商或承包商发出投标邀请的行为。招标是招标方单独的行为。一般来说，政府机构及大型酒店餐饮企业会选择招标采购方式。

餐饮企业管理人员可以在有关平台发布招标公告，如采招网。招标公告格式如下所示。

实用范本 餐饮食材采购（肉类）招标公告

招标项目所在地区：×市

一、招标条件

本项目（招标项目编号：××××），已由项目审批／核准／备案机关批准，项目资金来源为自筹，招标人××有限公司。本项目已具备招标条件，现进行公开招标。

二、项目概况和招标范围

项目规模：××万元。

招标内容与范围：本招标项目划分为×个标段，本次招标为：××××。

三、投标人资格要求

1. 资格要求：投标人须具备独立法人资格，并具备食品经营许可证，且有能力提供本次招标货物和配送服务的供应商。

2. 财务要求：需提供近三年（指×年×月×日起至×年×月×日），经会计师事务所或审计机构审计的财务会计报表，包括资产负债表、现金流量表、利润表和财务情况说明书，或提供银行开具的资信证明。

3. 业绩要求：投标人近三年（指×年×月起至×年×月止），已完成肉类采购配送项目业绩×项。

4. 本次招标要求投标人在信用中国网未被列为失信被执行人。

…………

四、招标文件的获取

获取时间：×年×月×日×时×分×秒至×年×月×日×时×分×秒。

五、投标文件的递交

递交截止时间：×年×月×日×时×分×秒。

六、开标时间

开标时间：×年×月×日×时×分×秒。

七、其他公告内容

本次招标拟入围单位三家。

八、项目概况

…………

通常，招标阶段要经历如图 2-2 所示的几个步骤。

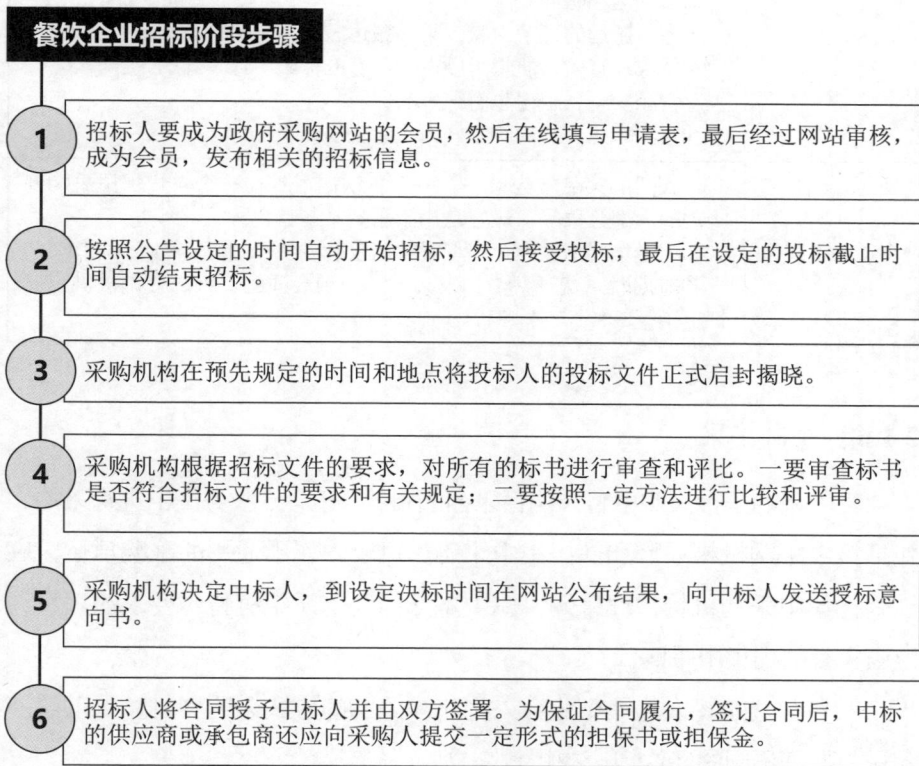

餐饮企业招标阶段步骤

1 招标人要成为政府采购网站的会员，然后在线填写申请表，最后经过网站审核，成为会员，发布相关的招标信息。

2 按照公告设定的时间自动开始招标，然后接受投标，最后在设定的投标截止时间自动结束招标。

3 采购机构在预先规定的时间和地点将投标人的投标文件正式启封揭晓。

4 采购机构根据招标文件的要求，对所有的标书进行审查和评比。一要审查标书是否符合招标文件的要求和有关规定；二要按照一定方法进行比较和评审。

5 采购机构决定中标人，到设定决标时间在网站公布结果，向中标人发送授标意向书。

6 招标人将合同授予中标人并由双方签署。为保证合同履行，签订合同后，中标的供应商或承包商还应向采购人提交一定形式的担保书或担保金。

图 2-2 餐饮企业招标阶段步骤

2.1.5 联系农户直接采购

如果有条件的话，餐饮管理人员还可以选择从农户手里直接采购。产地直供没有供应商在中间，可节约一部分成本，对于需求量大的餐饮企业该方式还是可以考虑的。产地直供的优缺点，可供管理人员参考，见表2-4。

表2-4　产地直供的优缺点

优缺点	具体内容
优点	①省去中间环节，省去一级销地、二级销地、一级批发市场、二级批发市场、农贸市场这些环节，节约生产成本 ②节约运输时间 ③省下搬运的环节，减少菜品搬运、储存造成的损失 ④从农户直购，质量可以得到很好的保障 ⑤食品安全、卫生也有很好的保障 ⑥货源充足，提前约定好，不会轻易断货
缺点	①农户的菜品较为单一，一个餐饮店很难在一个农户那里采购到所需的大部分菜品，最好是用于采购某些特色菜 ②配送量要求较大，小型餐饮店没有办法满足基本的订单要求 ③前期联系费时费力，未必能够找到合适的，大部分都被供应商订走了

2.1.6　食材集采

集中采购是指采购中将采购目录内的货物、工程、服务集中进行采购，包括集中采购机构采购和部门集中采购。目录内属于通用的采购项目，应当委托集中采购机构代理采购，属于本部门、本系统有特殊要求的项目，应当实行部门集中采购。

很多大型的餐饮连锁企业会采用统一采购的方式采购食材，可以统一配送，保证不同的餐饮门店的用料需求。

实操范例 小肥羊统一采购模式

小肥羊餐饮连锁有限公司以小肥羊特色火锅连锁为主业，现拥有一个调味品基地，两个肉业基地，一个物流配送中心，一个外销机构。到现在，小肥羊门店不断扩张，全国有上百家，这么庞大的规模，食材采购变成了一件难办的工作。要如何将种类繁多的各色菜品送到门店的餐桌上呢？

首先利用先进的管理系统，了解各地门店的需求，门店上报采购需求后，由企业统一规划采购项目，然后便可以选择有价格优势的供应商，进行集中采购，数量的优势让采购成本大大降低，且每个门店都能享受到这个优势，提高了门店的总体竞争力。

完成采购后，对各门店的配送也不用担心，小肥羊有自己的物流配送中心，可以很好地实现食材调度及配送。从一级分拨中心到二级分拨中心，可以覆盖全国大部分省、市、自治区。

小肥羊的成功其实是资源的整合、分析、利用，将门店管理与供应链管理结合，对每个门店的信息了如指掌，企业可以灵活安排食材配送，连贯的供应环节节约了大量的时间、金钱、人力成本。不仅如此，小肥羊在管理上也与时俱进，从不排斥先进的管理系统，如金蝶系统，可以帮助企业更好地收集、整理各项数据，比人工管理更精准。

知识扩展 认识金蝶系统

金蝶系统是集供应链管理、财务管理、人力资源管理、客户关系管理、办公自动化、商业分析、移动商务、集成接口及行业插件等业务管理组件为一体，以成本管理为目标，计划与流程控制为主线，通过对成本目标及责任进行考核激励，推动管理者应用 ERP 等先进的管理模式和工具，建立企业人、财、物、产、供、销科学完整的管理体系。金蝶旗下产品包括：金蝶 EAS、金蝶 K/3RISE、金蝶 KIS 旗舰版、金蝶 KIS、金蝶 s-HR、金蝶协同、金蝶 PLM、金蝶 BI 和金蝶移动 ERP 等。

集中采购的优缺点还是挺明显的，见表 2-5。

表 2-5　集中采购的优缺点

优缺点	具体内容
优点	①集中的数量优势 ②避免复制 ③集中采购形成规模运输从而降低运输成本 ④减少企业内部的各部门的竞争和冲突 ⑤形成供应基地 ⑥降低采购成本

续表

优缺点	具体内容
缺点	如果采购流程的任何一个环节不能按期完成的话，就会导致不能按计划完成采购，进而影响营业

2.2　餐饮原料的验收工作

在采购环节中，原料的验收工作非常关键，决定了采购最终的结果，如果不把好验收这一关，前面所做的工作和努力可能就白费了。在开展验收工作时，有哪些需要注意的地方呢？下面一起来了解。

2.2.1　分类验收更有章法

对于餐饮业来说，采购的菜品种类非常多，且每个品种都有其独特性，要保证菜品质量，就要懂得分类，如肉类、菜类、鸡蛋等，按照不同的标准来验收。某餐饮门店的原料分类表，见表2-6。

实用范本 原料分类表

表2-6　原料分类表

分 类			列 举
1	肉和肉制品	鲜肉类	猪肉：五花肉、猪心、猪肚、猪舌、龙骨
			牛肉：牛肉、牛腩、牛杂
			禽肉：鸡爪、鸡边、鸡翅、鸡肾、鸡尖

续表

分类				列举
1	肉和肉制品	冻肉类	猪肉	五花肉、猪心、猪肚、猪舌、龙骨
			牛肉	牛肉、牛腩、牛杂
			禽肉	鸡爪、鸡边、鸡翅、鸡肾、鸡尖
		水产类	活鱼	鲢鱼、鲈鱼、草鱼、福寿鱼
			冰鲜	红昌鱼、河虾、泥鳅、鱼片
		熟食类	熟食	烧鹅、烧鸭、叉烧
		腊味腌肉类	腊味腌肉	腊肠、腊肉
2	蔬菜瓜果类	新鲜蔬菜	叶菜	大白菜、麦菜、小白菜、包菜、空心菜
			根茎	土豆、莲藕、香芹、地瓜、红萝卜
			瓜果	茄瓜、西红柿、冬瓜、南瓜
			豆类	荷兰豆、黄豆芽
			菇菌	鲜香菇、鲜平菇、水木耳
		水果类	新鲜水果	苹果、香蕉、西瓜
		蔬菜制品	咸菜	酸菜、咸菜、梅干菜、榨菜丝
			豆制品	黄豆干、油豆腐、水豆腐、腐竹
			干菜	干木耳、干海带、黄花菜、黄豆
3	蛋品类		鲜禽蛋	鹌鹑蛋、鸡蛋、农家蛋、鸭蛋
			蛋制品	咸蛋、皮蛋、红心咸蛋、卫生咸蛋
4	粮油类		大米	东北米、丝苗米
			粉面制品	面条、冻包点、面粉、河粉、桂林米粉
			油	麻油、豆油、花生油、调和油、菜籽油

续表

分　类			列　举
5	调味类	醋	陈醋、白醋
		盐	精盐、加碘盐
		酒	米酒、料酒、花雕酒、黄酒
		调味粉	糯米粉、生粉、面包粉
		糖	白糖、黄糖、冰糖
		调味酱	辣椒酱、酱油、茄汁、鱼露
		香料	八角、茴香、花椒、陈皮
6	食品添加剂	复合添加剂	吉士粉、速发蛋糕油、泡打粉
		面粉改良剂	臭粉、塔塔粉
		香精	乙基麦芽酚

做好原料分类后，管理人员还应该和厨房工作人员共同商议，对每项分类的原料设定基本的验收标准，方便验收人员按规章比对，进行验收。如下所示为某餐饮企业规定的新鲜肉类验收标准。

实用范本 **新鲜肉类验收标准**

1.色泽

新鲜肉：肌肉有光泽、红色均匀、脂肪洁白。

次鲜肉：肌肉色稍暗、脂肪缺乏光泽。

变质肉（拒收）：肌肉无光泽、脂肪呈灰绿色。

2.黏度

新鲜肉：外表微干或微湿润、不粘手。

次鲜肉：外表干燥或粘手、新切面温润。

变质肉（拒收）：外表极度干燥或粘手、新切面发黏。

3. 弹性

新鲜肉：用手指压肉，放手后指压的凹陷立即恢复。

次鲜肉：用手指压肉，放手后指压的凹陷恢复慢，且不能完全复原。

变质肉（拒收）：用手指压肉，放手后指压的凹陷不能恢复，并留有明显痕迹。

4. 气味

新鲜肉：具有鲜肉正常的气味。

次鲜肉：有氨气味或醋酸味。

变质肉（拒收）：有尸臭味。

5. 肉汤

新鲜肉：透明澄清脂肪团取聚于表面具有香味。

次鲜肉：稍有浑浊、脂肪呈小滴浮于表面、无鲜味。

变质肉（拒收）：浑浊，有黄色絮状物、脂极少浮于表面有臭味。

6. 拒收标准

（1）变质。

（2）无动物检验检疫合格证。

（3）含水量大于77%。

（4）肥肉与瘦肉比例大于3∶7。

2.2.2 制定验收要求

除了分类验收标准，管理人员还应该制定总的验收要求，从不同方面对验收菜品进行检查，大致包括如下几个方面：

◆ 包装

包装应完整，不能破损、变形、漏气，精品包装要使用约定的材料。

◆ 气味

气味可以辨别一件菜品的品质和种类，是细致的特征，若是菜品气味发臭或有异变，要拒收。

◆ **色泽**

从色泽判断菜品品质也不失为一个好的方法，新鲜菜品一定色泽明亮有光泽，但要注意辨别打蜡情况。

◆ **温度**

不同的食材适宜存储的温度有很大差别，有的需要冷冻，有的不能冷冻，验收人员不能忽略温度这一重要因素，食材对温度的敏感度与要求很高，若是供应商没有做好，很难维持菜品品质。

◆ **外观**

食材外观也是其品质的一部分，就拿水果来说，个大饱满、形状规则的品质最佳，价格也更贵。

◆ **口感**

对于熟食产品，餐厅可要求供应商提供试吃服务，验收人员根据口感便能直接确定食物的质量。

◆ **制造标示**

对于品牌供应商一般会在包装上印有标志，验收人员不要忘记检查。

◆ **有效期限**

检查包装上的有效期限，重点看生产日期和过期日期，运送当日当然不能超过过期日期，而且离生产日期也不能隔太久，最好在3天之内。

有关食材的最佳存储温度，有各自的标准，管理人员可从以下内容借鉴参考。

①鲜鱼。鱼类最佳冷藏温度在 −3 ℃左右，在此温度下鱼不易变质，可保证其鲜味。若想长时间存储的话，必须要保证深冷速冻的条件，如在 −18 ℃左右，可使鲜鱼保存半年之久，否则容易出现鱼体酸败，肉质发生变化。

②肉类。肉类如猪肉、牛肉，应保存在 −18 ℃的环境中，这样可较好

地保持细胞壁的完整性，锁住肉质水分。如果在 −2 ℃～5 ℃条件下冷藏，肉类最多可保存一个星期。

③果汁。果汁在 8 ℃～10 ℃时最营养，一旦开封，果汁就容易变质，所以不要在冰箱里储存得太久。用柑橘、柚子、菠萝等制作的无菌果汁可保存 7～10 天。

④鲜牛奶。鲜牛奶的最佳储存温度为 1 ℃～6 ℃，这样的温度可抑制细菌的繁殖，防止变质。

⑤酒类。酒类的最佳储存温度为 5 ℃～20 ℃，此温度下保存不易产生浮浊、沉淀，不易变质。

⑥蔬菜。绿色蔬菜一般要在低温环境下保存，但不要低于 0 ℃。若温度超过 40 ℃，其所含叶绿素酶会将叶绿素与蛋白质分开而散失；若温度低于 0 ℃，叶绿素又会因冷冻而遭到破坏。最佳温度为 7 ℃～10 ℃，能延长其鲜嫩度。

> 白菜、芹菜、洋葱、胡萝卜等适宜存放温度为 0 ℃左右。
>
> 存放马铃薯的最佳温度是 2 ℃～4 ℃，温度过高马铃薯就会发芽。
>
> 黄瓜、茄子、西红柿等适宜存放温度为 7 ℃～10 ℃。
>
> 南瓜适宜在 10 ℃以上存放。
>
> 存放红薯的最佳温度为 15 ℃以上，温度低了，就会僵心而不能食用。

⑦速冻食品。速冻食品在 −25 ℃～ −18 ℃保存品质会比较稳定，如果高于 −18 ℃，保质期就会相应缩短，口感也会发生变化。

⑧水果。水果种类不同，保存温度差异较大。为不同水果的最佳保存温度，见表 2-7。

表 2-7　不同水果的最佳保存温度

水果种类	保存温度（最佳）
香蕉	13 ℃左右
橙子	4 ℃~ 5 ℃
苹果	−1 ℃~ 4 ℃
芒果	10 ℃~ 13 ℃
木瓜	7 ℃
荔枝	7 ℃~ 10 ℃
西瓜	8 ℃左右

2.2.3　常见的验收方式有哪些

为了更好地检验产品质量，验收人员还要通过有效的验收方式，利用工具和经验，节约更多的时间。

其实菜品验收大致可分为两个阶段：初步检验和精细检验，每个阶段采用的方式不同，各有侧重。

◆　初步检验

首先，用眼睛看，看菜品颜色、形状、包装，确认菜品符合基本的验收标准。

然后，通过听觉检验，可以通过摇晃、搬运、轻度敲击等方式进行，如检验鸡蛋，可以用手轻轻摇动，听声鉴定。

此外，还有触觉检验，通过查看原料组织的粗细、弹性、硬度等特征，也很方便。

◆ 精细检验

要进一步对菜品做细致检查，利用专业仪器和精密工具，了解一些常见的方法很有必要，见表2-8。

表 2-8　不同检查项目使用的工具和方法

检查项目	工具／方法
数量	①准备各种型号的秤，最好是电子秤，通过称量确定数量，以免供应商缺斤少两 ②通过点数方法依照合约规定的数量予以验收
农药残留	①便携式农药残留检测仪 ②手持农药残留速测仪 ③农药残留速测卡 ④农残测试纸
瘦肉精检测	① DY-3000 半自动食品安全检测仪 ②盐酸克伦特罗快速检测卡

2.2.4　填写验收报告表

餐饮菜品验收大致会经历五个环节，管理人员需要了解这五个环节是什么？要做的工作有哪些？才能制定有关规定，对验收人员提出要求，下面一起来了解一下。

◆ 步骤一：检查进货

根据订购单或订购记录检查进货。一般的订购单模板，见表2-9。

实用范本 订购单

表 2-9 订购单

供方			电话			联系人		
订货时间			订单编号			发单时间		
冻货				干货				
序号	货名	数量	单价	序号	货名	数量	单价	
注意事项：								

◆ **步骤二：检查质量和数量**

根据供货票据检查货物的质量和数量。对可数的物品，必须逐件清点，记录正确的数量。对照原料验收（规格）标准，检验原料质量是否符合要求。抽样检查装箱、桶装原料，检查是否足量，质量是否符合要求。

◆ **步骤三：办理验收手续**

验收合格后，验收人员要在供货单上签字。填写验收单（见表 2-10），表示已收到了这批货物。如果接受了货物票据，验收人员要填写收货单。

实用范本 验收单

表 2-10 验收单

年 月 日

品名	单价	数量	金额	备注
合 计				

复核：　　　　　　验收：　　　　　　　　经办：

◆ **步骤四：物品分类，入库保存**

验收结束后，对合格物品进行分类，每类物品标示好进货日期、名称、重量等信息，入库保存，部分鲜活原料直接送分店或厨房使用、安排。

◆ **步骤五：填写验收报告表**

完成当日验收工作后，验收人员还需要填写详细的验收报告表（见表 2-11），供管理人员查看。验收报告表内应写明验收人员对产品质量的意见，记录验收过程中出现的问题及需要改进的地方。

实用范本 验收报告表

表 2-11　验收报告表

供应商		编　号		验收日期	
物品名称		数　量		验收员	
情况说明：					
食材状况照片：					
验收结论：					
验收主管：			总经理：		

2.2.5　出现验收异常及时处理

验收物品时不一定会很顺利，极有可能出现意外情况，如发现物品不符合验收标准，这时验收人员要有处理异常情况的应对措施。当然不同的状况处理的方式各有不同，我们先来认识下常见的验收异常情况：

① 物品外包装有明显破损或破损严重。

② 质量不达标的物品占比超 10%。

③ 某些物品的质量参数不达标。

④ 物品数量有出入。

⑤ 物品类型或型号出错，与订购单不符。

⑥ 物品各种手续、检验单、证书不齐全。

针对这些情况，验收人员可做出如下处理。

①查验数量不符，及时与采购部负责人沟通，让供应商给出处理方案，一般是先将物品入库，让供应商立即补足物品，当然在签订有关单据时，要重点记录数量的问题。

②包装出现破损要重点查看里面的物品是否受到影响，若没有问题可以验收入库，若出现问题则要求供应商更换，并在验收报告表中记录。此外，还要查明破损原因，计算破损比例，向供应商反映此问题。

③物品质量参数未达标，按照合同约定的条款处理，拒绝签收物品。

④物品手续、证书、检验单不齐全，有违规、违法的风险，验收人员应拒收，联系供应商补齐。

⑤若质量有瑕疵的物品数量在合同规定以内，又无大的问题，验收人员要单独放置，避免混淆。

如下所示为某餐饮企业采购验收异常处理规定，可供参考。

实用范本 采购验收异常处理规定

第三条 质量异常问题处理原则

1. 在物品验收过程中，若发现物品数量不符或存在质量问题，则应该严格按照公司有关规定进行处理，分清供应商、承运单位、采购部的责任。

2. 在物品验收过程中, 若发现诸多问题, 应区别不同情况及时处理。

3. 凡等待处理的问题物品, 应该单独存放, 妥善保管, 防止混杂、丢失、损坏。

第四条 证件不齐的处理

1. 验收过程中, 若证件未到或不齐, 采购部应及时向供应商索取, 到达物品应作为待验物品堆放在"待检区", 等证件齐全后再行验收。

2. 证件未到之前, 采购部、仓库部不得对物品进行验收, 办理入库手续, 更不得办理发货及相关转移手续。

第五条 数量不符的处理

1. 短缺处理。

（1）若物品数量在规定的差额范围内, 可按原来的数量入账。

（2）若物品数量短缺并超过规定差额范围的, 应查对核实、如实填写, 并由采购部相关人员及时与供应商进行交涉。

2. 数量超出处理。

凡是实际数量多于原订购量的, 可由采购部向供应商退回多发数, 或补发货款。

第六条 质量不符合要求的处理

当发现质量不符合公司规定时, 应采取以下三种处理方法。

1. 及时通知采购部与供应商交涉, 办理退货、换货。

2. 在征得供应商同意的前提下, 交相关部门加工。

3. 在不影响使用的前提下降价处理。

第七条 规格不符或错发的处理

当发现规格不符或错发时, 采购部、仓库应先将规格对的予以入库; 规格不对的, 应如实填写"物品验收单", 经部门主管审核后与供应商协商办理换货事宜。

第八条 其他异常问题的处理

1. 凡属承运过程中造成的物品数量短少或外观包装严重残损等，应凭接运提货时索取的"货运单"向承运部门索赔或与供应商联系处理。

2. 若物品价格与采购合同有出入，供应商多收部分应予以拒付，少收部分经过检查核对后，应主动联系，及时更正。

第九条 处理异常问题注意事项

相关负责人在处理验收过程中发现的异常问题时，应该特别注意以下三大事项。

…………

2.2.6 按步骤完成退货

验收不合格不能入库的物品，需要办理退货手续，退回供应商处，基本的流程如图 2-3 所示。

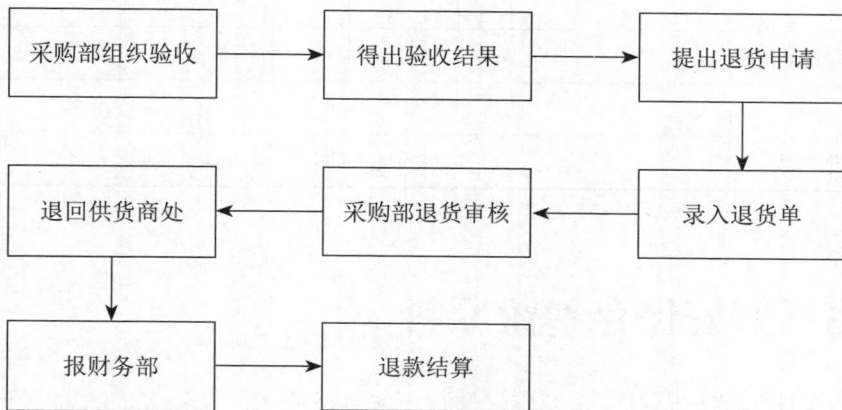

```
┌──────────────┐      ┌──────────────┐      ┌──────────────┐
│  采购部组织验收  │ ───> │   得出验收结果   │ ───> │   提出退货申请   │
└──────────────┘      └──────────────┘      └──────────────┘
                                                     │
                                                     ▼
┌──────────────┐      ┌──────────────┐      ┌──────────────┐
│   退回供货商处   │ <─── │  采购部退货审核  │ <─── │   录入退货单    │
└──────────────┘      └──────────────┘      └──────────────┘
        │
        ▼
┌──────────────┐      ┌──────────────┐
│    报财务部    │ ───> │    退款结算    │
└──────────────┘      └──────────────┘
```

图 2-3 退货流程

验收人员在办理退货手续时需要填写退货单（见表 2-12），提交上级审核。

实用范本 退货单

表2-12   退货单

序号:

供应商						
收货日期			退货原因			
订单号			订单金额			
序号	产品名称	规格	单位	数量	单价	金额
小计						
备注						
退货人		退货日期: 年 月 日				

2.3 好好保存餐饮原料

采购的菜品原料一定要好好储存才能安全使用,送到人们的餐桌上。管理人员要注意食材的储存期限、仓库的清洁,还要保证食材的领用合规,以免食材短少,无法供应餐厅的正常需求。

2.3.1 食材储存管理

为了规范仓库的工作,采购部应制定食材储存管理细则,对仓库管理人员提出基本要求，以免因不当操作让食材原料受损。下面来看一个 × × 餐饮企业制定的食材储存管理办法。

实用范本 食材储存管理办法

一、目的

为使仓库各类产品原料入库有效管理，依据安全库存的原则，特制定本办法。

二、说明

蔬菜原材料、其他保鲜产品以及原料、水果蔬菜的成品

三、办法

1. 蔬菜原料进库前，由验收部门确认产地证明等手续，无正式合格证明的一律拒收，并开具验收报告，一式两份，验收与仓储各一份。

2. 原料入库时，挂牌上要注明原料名称、车次、送货人、到货时间和数量。

3. 原料入库后，仓库管理人员要和交货人办理交接手续，核对清点原料名称、数量、重量是否准确无误，填写入库单，填单时必须要验收"申购单""验收报告单"等必备单据，否则为无效入库。

4. 其他产品原料以及半成品入库，由验收部门检验，合格后开具验收报告，方可入库，手续同上。

5. 仓库管理人员要根据仓库的结构特点，合理安排原料存放位置，按照先入先出的原则生产加工。每天必须进行物品盘点和卡片登记，做到物卡相符，每天必须进行物品检查，包括数量、质量、保质期等。

6. 原料堆放要求检点方便、成行成列、堆垛整齐，按照三不靠原则（不靠墙、不靠地、不靠顶）存放，垛与垛、垛与墙之间的距离大于20厘米，确保温度良好循环。

7. 账目清晰一致，账账相符，日清月结不积压，报表及时，每天9:00前必须送到相关部门，每月末要进行盘点，并报送月度报表。

8. 所有原料一律不准直接堆放于地上，必须在下面铺设垫板。

9. 仓库要保持整洁、整齐，每天要清点、盘查，确认有无异常，保证仓库内的所有产品必须合格，不得有变质、破损、过期等不良产品发放出去。

10. 禁止非本库人员擅自入库，做到人走门锁，仓库严禁烟火。本条适合于所有仓库、周转库管理人员。

11. 做好叉车的维护和使用。

12. 仓库管理员要做好交接手续，记录当天发生的业务情况，填写单据，保管好钥匙物品等。本条适合于所有仓库、周转库的管理人员。

2.3.2 定期清洁仓库

仓库及储藏室的清洁卫生是非常重要的，要保证清洁，企业必须制定统一的卫生管理细则，仓库管理人员每天需按管理细则做好自己的工作。

实用范本 库房食品卫生管理制度

1. 食品和物品分区存放，食品要分类、分架、离地、离墙存放，需低温存放的食品应置于冷藏设施存放。

2. 定期检查库房食品卫生，对无标识、标识不全或超过保质期限等不符合相关食品卫生要求的食品予以销毁。

3. 食品库房周围不能是有毒、有害污染源及蚊蝇滋生地，防止交叉污染。

4. 库房内设有防蝇、防尘、防鼠及防潮设施，防止食品生虫霉变、腐败变质。

5. 食品库房定期清洗、消毒、换气，避免尘土、异物污染食品。

6. 库房必须保持通风、干燥。

7. 保持库内、外环境整洁卫生。

从该制度我们可以了解到仓库清洁的关键点在以下四部分。

1. 食品分类：这样不易交叉感染，产生某些化学反应。

2. 干燥：库房潮湿容易滋生细菌，加速食物变质，仓库应保持通风，准备一些防腐剂、干燥剂。

3. 有毒物质：这是餐饮企业最害怕的一种情况，容易造成食物中毒，对社会产生重大影响。

4. 保质期：一旦菜品过了保质期就容易质变，为了保险起见，应该一律销毁，不要存侥幸心理，以为还可以烹饪，结果造成紧急事件就得不偿失了。

总之，食材的卫生与储存环境的清洁有莫大关系，也至关重要，不仅是相关责任人要注意，管理人员也不能放松，随时抽查，做到心里有数。

2.3.3 食材发放要按规矩来

为了提高食材使用效率，防止员工顺手牵羊，无论厨房领用食材，还是仓库发放食材，都要照章办事，不能仅凭一句口头上的话就将食材交给有关人员。如果任由这个管理漏洞发展，将来很可能会蛀空企业。

所以管理人员要制定严谨的发放程序及细则，这对物品管理来说更精准，这个环节把握好，采购部也能更清晰地计算食材及各种物品的需求量、采购周期等。

下面来看一个 ×× 餐饮企业的出库管理制度。

实用范本 出库管理制度

1.食品、物品设专人管理，领用食品、物品出库要登记，并随时接受检查。

2.食品、物品的领取应根据各部门实际用量有计划领取，每周清点库存一次，仓库管理人员每天检查一次库存物品的数量和质量。

3.食品、物品为集体财产，仓管人员和各部门员工应力求节约，不得浪费，不得将食品、物品变卖，转为己有，一经发现将严肃处理。

4.对食品、物品实行"采购、入库、使用"三分离原则。建立三本账，做到采购、入库、使用三个数据基本一致，误差控制在 1% 以内，管理人员要认真把关，分管领导要认真督查。

5. 所有食品、物品出库时必须按照先进先出的原则执行。

6. 食品、物品出库时要保证质量卫生符合要求，不合格不得发货，同时出货食品、物品不得出现窜货、混发、混装或错发情况。

7. 领料部门开具领料单，由其部门主管签字，必须注明用途，然后交仓库制单员，根据领料单开具"出库单"，持单到仓库提货，仓库管理人员按单安排原料出库。

8. 领料单一式三份，一联作为其物资消耗的考核依据，一联交财务部作为成本核算依据，一联由仓库作为登记实物账的依据；余料退库应填制红字领料单一式三份，并在备注栏内详细说明原因。

9. 保管员每月结账前向财务部门提供出入库报表（进销存报表），以供参考。对于账物不实的情况，仓管查明原因，追究责任人。

10. 对于一切手续不全的提货、领料事项，仓管员有权拒绝发货，并视其程度报告业务部门、财务部门和公司领导处理。

除了用传统的记录方式来管理物品的入库、出库，管理人员其实可以考虑引进先进的管理系统，尤其是规模较大的餐饮企业，如简道云管理系统、小厨管家等。

这些管理系统都有进销存服务，能帮助企业更便捷高效地做好库存管理，支持采购、库存、客户、内部管理等全流程，适用于各类业务场景，将管理智能化、数据化，为业务发展全面赋能。

2.4　做好采购细节

采购工作环节众多，涉及的人员、票据、工作表格也很多，且花费公司的成本也不菲，其中有很多细节需要注意，管理人员做好监察和控制，采购人员要在细节处体现自己的工作能力。

2.4.1 注意查验和索取各项票证

为了保证食品来源健康、卫生，采购部门采购时一定要注意查验和索取各项票证。在不同的情况下，索取票证也不同。根据国家《餐饮服务食品采购索证索票管理规定》下列条款，餐饮企业要依法索取相应票证。

第七条 餐饮服务提供者采购食品、食品添加剂及食品相关产品，应当到证照齐全的食品生产经营单位或批发市场采购，并应当索取、留存有供货方盖章（或签字）的购物凭证。购物凭证应当包括供货方名称、产品名称、产品数量、送货或购买日期等内容。

长期定点采购的，餐饮服务提供者应当与供应商签订包括保证食品安全内容的采购供应合同。

第八条 从生产加工单位或生产基地直接采购时，应当查验、索取并留存加盖有供货方公章的许可证、营业执照和产品合格证明文件复印件；留存盖有供货方公章（或签字）的每笔购物凭证或每笔送货单。

第九条 从流通经营单位（商场、超市、批发零售市场等）批量或长期采购时，应当查验并留存加盖有公章的营业执照和食品流通许可证等复印件；留存盖有供货方公章（或签字）的每笔购物凭证或每笔送货单。

第十条 从流通经营单位（商场、超市、批发零售市场等）少量或临时采购时，应当确认其是否有营业执照和食品流通许可证，留存盖有供货方公章（或签字）的每笔购物凭证或每笔送货单。

第十一条 从农贸市场采购的，应当索取并留存市场管理部门或经营户出具的加盖公章（或签字）的购物凭证；从个体工商户采购的，应当查验并留存供应者盖章（或签字）的许可证、营业执照或复印件、购物凭证和每笔供应清单。

第十二条 从食品流通经营单位（商场、超市、批发零售市场等）和农贸市场采购畜禽肉类的，应当查验动物产品检疫合格证明原件；从屠宰企业直接采购的，应当索取并留存供货方盖章（或签字）的许可证、营业执照复印件和动物产品检疫合格证明原件。

第十三条　实行统一配送经营方式的，可以由餐饮服务企业总部统一查验、索取并留存供货方盖章（或签字）的许可证、营业执照、产品合格证明文件，建立采购记录；各门店应当建立并留存日常采购记录；门店自行采购的产品，应当严格落实索证索票、进货查验和采购记录制度。

第十四条　采购乳制品的，应当查验、索取并留存供货方盖章（或签字）的许可证、营业执照、产品合格证明文件复印件。

第十五条　批量采购进口食品、食品添加剂的，应当索取口岸进口食品法定检验机构出具的与所购食品、食品添加剂相同批次的食品检验合格证明的复印件。

第十六条　采购集中消毒企业供应的餐饮具的，应当查验、索取并留存集中消毒企业盖章（或签字）的营业执照复印件、盖章的批次出厂检验报告（或复印件）。

第十七条　食品、食品添加剂及食品相关产品采购入库前，餐饮服务提供者应当查验所购产品外包装、包装标识是否符合规定，与购物凭证是否相符，并建立采购记录。鼓励餐饮服务提供者建立电子记录。

采购记录应当如实记录产品的名称、规格、数量、生产批号、保质期、供应单位名称及联系方式、进货日期等。

从固定供应基地或供应商采购的，应当留存每笔供应清单，前款信息齐全的，可不再重新登记记录。

第十八条　餐饮服务提供者应当按产品类别或供应商、进货时间顺序整理、妥善保管索取的相关证照、产品合格证明文件和进货记录，不得涂改、伪造，其保存期限不得少于 2 年。

2.4.2　如何选择供应商

供应商是采购部门打交道最多的对象，向企业供应各种所需资源，包括原材料、设备、能源等。供应商的选择开放又复杂，会受到成本、地域、管理模式等各种因素的影响。

采购部在选择供应商时首先要遵循 QCDS 原则，即 Q（品质 quality）、

C（成本 cost）、D（交付 delivery）、S（服务 service）。这四个因素的重要程度依次递减。

首先，采购人员要看重其提供的菜品或产品质量，筛选出质量在及格线上的供应商。

接着，计算提供产品的单价，以及公司需要花费的运输成本，按照成本花费的多少对供应商进行排列。

然后，查看其交付的快慢、耗费的时间长短，主要是对供应商规模、人员数量进行考察，看其能否满足企业的日常需求。

最后，供应商的售后服务也是我们考虑的一个点，这意味着供应商是否能够长久合作。

那么，餐饮企业选择供应商时有哪些部门应该参与其中，最终确定供应商又要经过哪些步骤呢？来看图 2-4 所示的步骤图。

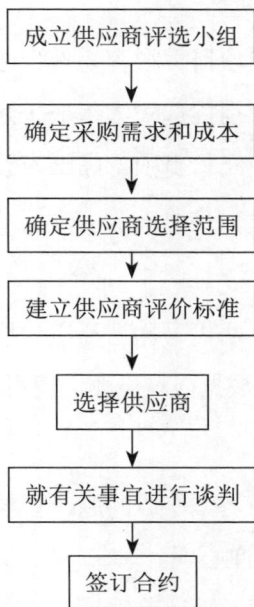

```
┌─────────────────────┐
│   成立供应商评选小组   │
└─────────────────────┘
          ↓
┌─────────────────────┐
│   确定采购需求和成本   │
└─────────────────────┘
          ↓
┌─────────────────────┐
│   确定供应商选择范围   │
└─────────────────────┘
          ↓
┌─────────────────────┐
│   建立供应商评价标准   │
└─────────────────────┘
          ↓
┌─────────────────────┐
│      选择供应商       │
└─────────────────────┘
          ↓
┌─────────────────────┐
│   就有关事宜进行谈判   │
└─────────────────────┘
          ↓
┌─────────────────────┐
│      签订合约        │
└─────────────────────┘
```

图 2-4　供应商确定步骤

2.4.3　预防中饱私囊

餐饮企业的采购项目是耗费资金最多的地方，若是管理不当，很容易出现员工中饱私囊、吃回扣的问题，这样菜品的质量不仅无法保证，还会因看不见的损失所拖累，从而导致企业利益遭受损失。

所以有经验的管理人员会提前预防此种情形的发生，具体从如下方面着手。

◆　规定原料信息

管理人员应让厨房给出所有需要的原料的基本采购信息，包括产地、规格、类型、包装、用量、品牌和形状等，越详细越好，采购人员必须按此标准采购，不能用低级产品以次充好。如白菜，品种春白菜"二月慢"，叶片卵圆或椭圆形，叶柄绿白至浅绿色，扁梗基部匙形。单株 0.5～0.7 千克。

◆　采购负责人至少有两名

如果一名负责人采购某项目，很容易按自己的喜好选择供应商，若是从采购部、厨房、财务部分别挑选一人组成采购小组，负责选择供应商、考察原料质量、签订合约，任意事项都需三方签字才能决定，便可以避免一人只手遮天的情况。

◆　一站式采购

通过互联网平台进行一站式采购，利用数据化的方式减少采购环节中的弊端，毕竟网络系统中的数据很难修改，还可随时查验。

◆　处罚规定

中饱私囊是非常严重的工作作风问题，管理人员一定要制定严厉的惩罚措施，让有关人员产生忌惮心理。

工作梳理与指导

采购工作流程图

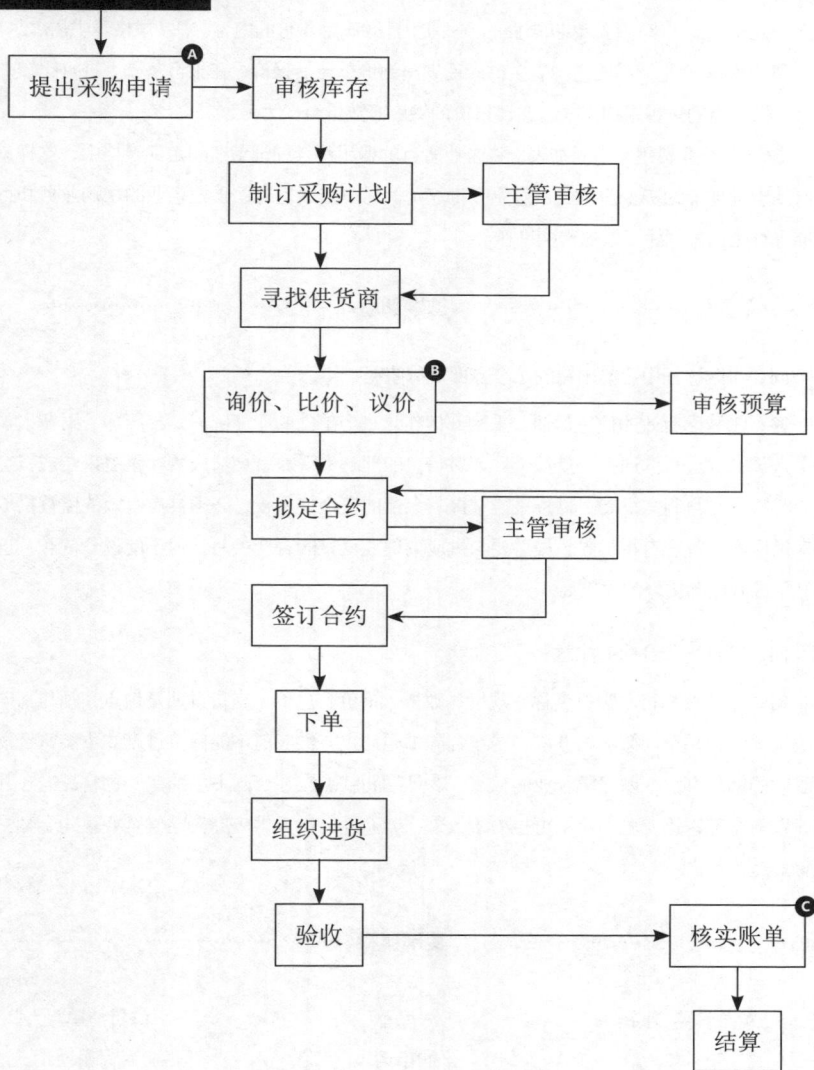

提出采购申请 **A** → 审核库存

制订采购计划 → 主管审核

寻找供货商

询价、比价、议价 **B** → 审核预算

拟定合约 → 主管审核

签订合约

下单

组织进货

验收 → 核实账单 **C**

结算

按图索骥

Ⓐ 采购申请又称请购，主要是指企业各需求部门向负责采购的部门提出在未来一段时间内所需要物品的种类以及数量等相关信息，并填制一定的表格交由采购部门。要注意：①由适当的采购申请人来进行。②以书面的方式提出。③确定需求的内容。④以规格表明需求水准。

Ⓑ 询价采购是指采购人向有关供应商发出询价单让其报价，在报价基础上进行比较并确定最优供应商的一种采购方式。邀请报价的供应商数量至少为三家。

Ⓒ 建立企业费用支出明细表，将企业所有的费用都详细记录在规定的表格中，这样一方面有助于发现节约资金的机会，避免产生浪费，另一方面也有助于把企业的采购业务和行业标准进行比较，消除无效的采购操作。

答疑解惑

问：采购过程中容易出错的三个方面是哪些呢？

答：①缺乏有效的信息沟通。采购部门作为一个单独的职能部门，与厨房、财务人员、服务人员很少进行沟通，一旦某个环节对信息的理解失误，就会造成物料重复采购或资金积压。②缺少监督制衡机制。物资采购掌握着大量的资金使用权，必须具有有效的监督措施。③对供应商的管理有待加强。虽然要与供应商建立良好的合作关系，但不能过分依赖，这样不利于寻找新的更好的供应商。

问：签订采购合约要注意哪些方面？

答：①项目相符。物料名称、规格、数量、单价、总价、交货日期及地点，须与请购单及决策单所列相符。②解约办法。要在合同书中约定，供应商不能保持进度或不能符合规格要求时的解约办法，以保障企业的权益。③延期罚款。应在合同书中约定，物料最迟在几月几日以前全部送达交验。除不可抗力事故外，若逾期，每天供应商应赔偿企业采购金额一定比例的违约金。

实用模板

蔬菜订购合同	入库单	供货清单
领料单	采购申请表	供应商保密协议
供应商评价表	大米供货合同	

第 3 章

楼面管理工作精细又复杂

楼面工作多以服务为主，与客人接触较多，所以管理人员对员工的素质要求和服务态度要重点管理，包括几大方面，衣着、礼仪、服务、餐前餐后重点工作、各种突发事项，管理者要根据经验和制度标准培养员工的职业素养，完成一系列工作调配。

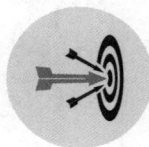

3.1 提供好的服务让客户宾至如归

餐厅楼面工作是在饭店、餐馆等地向客人提供楼面直接服务,服务人员、清洁人员多在楼面服务,由于是直接与顾客接触的人员,所以餐厅对这些人员的礼仪、工作要求应当更高,在上岗之前要做好培训,达到一定水平后才能服务于客人。

3.1.1 楼面工作礼仪要求

管理人员对楼面服务人员的礼仪要求较高,一般通过制定相应的规则达到培训目的,如下所示为某餐饮企业编制的楼面礼仪总则。

实用范本 楼面礼仪总则

1. 面带微笑,态度要和蔼,说话要亲切,举止要谦逊。

2. "请""谢"不离口,称呼要得当,迎客要在前,送客要在后,客过要让路,同行不抢道,超越要致歉。

3. 站立要端正,不能手叉腰,两手要垂放,不要伸腿坐,行路要轻步,说话要轻声,轻放又轻拿。

4. 有问必答,还要讲分寸,不讲粗言语,不叫小花名,不可高声喊,不可闹喧哗。

5. 对客不议论,动作不模仿,嘲笑要严禁,与客不玩笑,笑也不嘻哈。

6. 面对宾客,不能吃东西,不能抽香烟,不能打哈欠,不能打喷嚏,不能抓头皮,不能挖耳鼻,当班不饮酒,葱蒜也要忌。

7. 征询客意见,称呼后言理,工作有差错,不瞒不回避,解释应婉言,不亢也不卑。

8. 注意客忌讳,尊重客风俗,照顾客习惯,接待讲礼貌。

9. 宾客谈话时,不靠近打听,插话要禁忌,客人在唱跳,不能去围观,旁站有距离,凡事要有礼,件件要入微。

这样细致具体的礼仪要求，能够让楼面工作人员了解到自己哪些行为是不可以的，能够初步规范工作人员的行为。接下来，就要根据工作内容进行更具体的规范，比如站姿、走姿和礼貌用语，见表3-1。

表3-1　关于站姿、走姿和礼貌用语的具体要求

培训分类	具体要求
站姿	①站姿应自然挺拔，头部端正，下颌微收，两眼平视前方，面带微笑 ②身体直立，把重心放在两脚中间，双脚自然分开，位置基本与肩同宽。不可出现内八字或外八字，要挺胸收腹，两肩放平 ③双臂自然下垂，双手应交叉于背后，左手轻握右手的手腕，右手成半握拳状，力度适中，手臂放松。左手手背垫于臀部肌肉上方，两腿应绷直，如因长时间站立感觉疲劳时，可左右调整身体重心，但上身应保持直立 ④为客人指引方向时，应站在客人的一侧用同侧的手为客人指引，尽量引导客人正视其想要去的地方 ⑤站在侧门时，应在侧门内侧，与侧门保持90°站立，如客人进出距离2米时，拉门迎送进出店客人，身体前倾30°鞠躬向客人问好，除工作外不得随意走动，随时为客人提供服务 ⑥当与客人距离2米时，就应主动鞠躬问好。与客人交流时，应与客人保持60厘米至1米距离，目光应注视在客人的三角区内，不可上下打量客人。若客人的身高不高或声音较小，应上前站在客人的左侧仔细聆听
走姿	①行走时上身要保持正、直，重心放准，身体重心可稍向前倾，头部要端正，双目平视，肩部放松。身体协调，两臂自然摆动，行走时步伐要稳健 ②方向明确，两脚行走线迹应相对为直线，不要内八字走路，或者过分地外八字走路，足迹在前方一线两侧 ③步幅不要过大，步速不要过快。步幅适中（自己的腿长）；速度均匀（60～100步每分钟） ④迎面遇见客人时，员工应主动靠右边行走，并向客人问候 ⑤所有员工在店内行走，一律靠右而行，两人以上列队行走，不得与客人抢道，绝不可气喘吁吁或因动作过急导致身体失衡冲撞了客人 ⑥上下楼梯时，腰要挺、背要直、头要正、收腹挺胸、臀部微收，不要手扶楼梯扶手 ⑦陪同引导客人时，本人所处的位置位于客人的左前方1米左右；以客人的速度为标准协调自己的速度；在拐角、楼梯或照明不佳处及时关照提醒

培训分类	具体要求
礼貌用语	①服务用语的原则：主动、热情、真诚、平等、友好、灵活 ②服务语言的要求：明晰准确、态度和蔼 ③与宾客说话时，应站立着始终保持微笑，用友好的目光关注对方，随时察觉对方对服务的要求，同时认真听取宾客的陈述，以示尊重，切忌唾沫飞溅、手舞足蹈 ④准确又不机械地使用礼貌用语 ⑤注意说话时的语气、语调和语速

为了更好地管理服务人员，管理人员可以制作楼面员工礼仪评估表（见表 3-2），为员工的表现打分，更好地督促员工提高自己的礼仪表现。

实用范本 楼面员工礼仪评估表

表 3-2　楼面员工礼仪评估表

日期：　　年　月　日

序号	姓名	仪容	仪表	走姿	站姿	微笑	纪律	主动性	合计分数	评估人

3.1.2　特殊顾客特殊对待

以提供服务为主要工作内容的楼面工作人员，在提供服务的时候也要讲究一定的技巧，面对不同的客户应该随机应变，提供他们所需要的服务，而不是千篇一律地按照企业发布的统一工作标准行事。

◆ 残疾顾客

残疾顾客可能为盲人，可能坐轮椅，所以需要服务人员提供更细致的帮助，给予更多的注意和关心。面对不同的残疾客户，服务人员要做的工作当然不同，见表 3-3。

表 3-3　面对不同的残疾客户的服务工作内容

残疾客户	服务工作
视障人士	由于看不见或看不清，所以服务人员应提供以下服务： ①念菜单，如对方有需要，具体介绍该菜品，注意避免介绍菜品的颜色 ②服务前，先做自我介绍，如"您好，我是服务员××，现为您服务"，这样客人会有一定的心理准备，不会因为突然的行动被吓到 ③上菜后，告诉客人菜品在什么位置 ④客人离开时，如需乘坐电梯，要帮其按电梯；如需下楼梯，告诉其扶手的位置，有几级台阶
听障人士	听障人士的沟通能力较弱，所以服务人员要努力搞清楚其行为意图： ①可以为其提供纸笔，方便其点餐 ②沟通时善用手势，对客人来说更好理解服务意图 ③多与客人眼神交流，让客人感觉宾至如归
肢残人士	对于行动不便的客人，服务员可做如下安排： ①可将客人安排在角落、墙边等不被打扰的位置 ②客人使用拐杖，在入座后，应将其拐杖放置在其触手可及的地方，方便客人使用 ③客人坐轮椅，可将餐厅原来的座椅拿走，方便客人入座 ④客人如需去洗手间，为其引路，帮助其排清障碍
智障人士	对于智力有缺陷的客人，服务人员应该多一些耐心： ①切忌用异样的眼光打量客人，正常就行 ②最好给客人带去安静的位置，能让客人免受打扰，安心用餐 ③为客人点餐要特别有耐心，吐字清楚，语速要慢，留足时间等待客人思考、提问，不能催促 ④客人说话时要集中注意力，理解对方说话

◆ 老年顾客

老年人行动不便，身体各项机能下降，因此最怕摔倒等意外事件发生，服务人员在接待老年客户时，要注意这些情况。

①为其引路时，要注意地面有没有障碍，或是存在湿滑的情况。

②为其安排座位时，尽量挑选远离噪音区的位置。

③为其点菜时尽量推荐营养清淡的菜品。

④尽量满足其提出的特殊要求，如希望分量少一点。

◆　带小孩的顾客

对于带小孩的顾客，其主要精力可能都放在照顾和安抚小孩上了，服务人员要尽量配合这样的客人，保证其用餐准时、安全。

①将客人带到远离主通道的地方。

②为儿童提供专用的儿童椅、塑料碗筷。

③送上儿童饮料安抚儿童，须配备吸管。

④刀叉、玻璃杯等容易带来伤害的物品要收起来，远离儿童。

⑤为客人分汤时，汤碗应放在儿童家长的右手边，避免小孩直接接触。

⑥儿童的注意力很难长时间集中，所以点菜、上菜的速度需要更迅速。

⑦优先接待，上菜紧凑。

◆　赶时间的客人

若顾客赶时间，服务人员可向客人介绍套餐、现成菜品等出菜快的菜品，若有便携式的食物也可向客人提供，节约客人的用餐时间。

3.1.3　顾客意见很重要

顾客是餐饮企业的利润来源，顾客越多，回头客越多，优质顾客越多，餐饮企业的发展越好，所以，顾客的意见对餐饮管理人员来说至关重要，不能忽视。

可是，餐饮管理人员要如何了解顾客的真实想法？又如何针对其意见，有效改善餐厅的管理和服务呢？首先我们来了解一下收集顾客意见的方法。

◆　顾客意见调查表

很多餐饮店都会采用顾客意见调查表获取顾客的一些想法，经过分析总结，可以对现有菜式、服务标准、上菜速度进行调整。一般会在餐饮大堂的必经处放置调查表，这样顾客能随取随填。如下所示为某餐饮企业制定的顾客意见调查问卷。

实用范本　××顾客意见调查问卷

尊敬的顾客朋友：

您好！××热烈欢迎您的光临，为了向您提供更优质的服务，不断提高我们的服务质量和水平，特请您填写如下的意见表，请将您的想法、意见告诉我们，让我们做得更好，谢谢您的支持！

1. 您是第几次到本餐厅用餐？

□第 1 次　　□2~5 次　　□6 次以上

2. 您一周会光顾我们店几次？

□1 次　　□2 次　　□3 次　　□3 次以上

3. 您今天到本餐厅用餐的主要信息来源是？

□朋友介绍　　□报纸广告　　□杂志广告　　□户外广告

□网站信息　　□其他

4. 您今天到本餐厅用餐的目的是？

□聚餐　　□商务　　□约会　　□主题美食

□庆生　　□结婚纪念　　□其他

5. 您选择我们店的原因是？

□位置方便　　□环境好　　□食品丰富　　□其他

6. 您个人今天到本餐厅用餐后的感觉是？

□非常满意　　□满意　　□普通　　□差

7. 您认为本餐厅最吸引人的特色是？

□菜色丰富　　□价格合理　　□装潢格调　　□服务好

□口味好　　□促销活动　　□节目表演　　□地段合理，交通方便
□其他

8. 您对本餐厅的第一印象是?

□格调高雅　　□专业热情　　□一般化　　□很差

9. 您知道我们店现在的活动吗?

□知道　　□不知道

10. 您希望我们使用何种方式通知您活动信息?

□电话　　□短信　　□电子邮件

11. 您的职业是?

□公务员　　□商务人士　　□自由人士　　□公司职员　　□其他

12. 您的年龄是?

□15~25　　□25~35　　□35~50　　□50 岁以上

13. 您对我们店的服务是?

□非常满意　　□满意　　□一般　　□不满意

14. 您认为我们店需要改进的地方是?

□环境　　□服务　　□价格　　□食品

15. 您对本店的服务员以及厨师的服务是否满意? 您认为还有什么需要改进的地方?

□满意　　□不满意

需要改进的地方：＿＿＿＿＿＿＿＿＿＿

16. 您的资料信息（选填）

姓名：＿＿＿＿＿性别：＿＿＿＿＿联系方式：＿＿＿＿＿

您的生日：＿＿＿＿＿电子邮件：＿＿＿＿＿个人爱好：＿＿＿＿＿

尊敬的顾客，谢谢您对我们工作的理解和支持，××全体员工真诚期待您的再次光临!

◆ 客户用餐意见表

餐厅还可以通过表格的形式收集客户的想法，这样更加直观、一目了然，顾客也更愿意填写。可以在顾客提出结账时将表格交其填写，或以邮件的方式群发给顾客，当然时间不能超过一天，不然顾客意见的准备性会受到影响。如表 3-4 所示为某餐饮企业设计的用餐意见表。

实用范本 用餐意见表

表 3-4 用餐意见表

餐厅名称		日期		时间	
您如何评价本次用餐的整体感觉？		非常满意□ 满意□ 不满意□			
评价内容	非常满意	满意	合格	不满意	差
食品味道					
菜式品种					
每份数量					
菜品样式					
菜品价格					
饮品质量					
饮品价格					
服务速度					
服务质量					
餐厅环境					
请在每项评价内容后的不同评价标准下打"√"，让我们知道您最真实的想法。					

3.1.4　客人投诉慎重处理

无论餐厅怎么注重细节，怎样维持服务水准，仍然会有纰漏，这是不可避免的，若是惹得顾客不满，向服务人员或大堂经理提出，餐厅一定要严肃处理，漫不经心只会不断流失客户，阻碍餐厅的发展。

尤其现在很多餐饮 App 或娱乐 App 提供了美食探店的服务，如美团、大众点评、小红书，上面有很多顾客填写的评价，顾客的合理诉求没有得到解决很可能在这些 App 上给予店铺差评，影响店铺形象，造成利润的损失。

在餐饮经营中，容易遇到的客户投诉有哪些呢？来看下面几种情形。

①菜品不干净。这对顾客来说是不能容忍的，如菜品内发现头发、虫子、苍蝇或其他异物，这对一个餐厅可以说是重要事故，如果处理不好，可能引发食品安全问题，被客户投诉到管理局还可能面临停业整改，所以管理人员一定要放在心上。当然也要防止有些顾客刻意碰瓷。

②服务不到位。顾客对服务人员的工作态度、工作能力、工作技能不认可，如态度不热情、菜品不了解、操作不规范，让自己在用餐时不舒服，这时餐厅就该反思自己的培训是否到位，并虚心接纳顾客的意见。

③用餐环境不卫生。用餐其实是一个很讲氛围的事情，用餐环境可以影响顾客的心情，若是顾客看到桌椅板凳上有灰尘，或是角落有老鼠、蟑螂爬过，一定会联想到厨房也是如此脏乱，很难再继续用餐。所以餐厅平常就要注意餐具和公共区域的卫生，以及防鼠、防虫的工作。

④上菜速度慢。生意火爆的店，可能都有一个共同的问题，就是上菜慢，顾客等 10 分钟可能能够理解，若是等 20 分钟、30 分钟就会逐渐急躁，也可能下次就不来了。餐厅一定要有一个系统的管理，尽量提高上菜速度，或者给予顾客一定的补偿。

⑤菜品分量差别大。很多餐厅为了宣传菜品，会印制非常精美的图片，菜品不仅色泽晶莹，量还非常足，如果客人看到实际上菜量与宣传图片差别太大，通常难以接受。

除了做好日常各项工作，面对客户的投诉，餐厅还应有完善的投诉处理机制，包括完善投诉流程、对投诉问题分级、给出处理的方式，这样比起服务员自由发挥，更有保障。

根据餐饮行业通常面临的投诉意见，管理人员可进行分级，如一级、二级，初级、中级、重要级、终极，不同程度的问题交由不同层级的人员处理，见表3-5。

表3-5 不同程度的投诉问题的处理人员

投诉分级	严重程度	对应情况	处理人员
一级	☆	日常情况没有严重问题，如上菜慢、上错菜、菜品分量不足、洒出汤	服务员、领班／大堂经理
二级	☆☆	需要慎重处理的事件，且餐饮店要拿出一些诚意，如菜品中有异物、服务人员态度冷淡、食材不够	一线员工、经理
三级	☆☆☆	性质严重的事件，如擅自取消客户订单、结账数目不对	店长

在面对顾客投诉时，一般的处理流程是怎样的呢？如图3-1所示。

很多餐饮企业会制订顾客投诉处理方案，供员工参考使用，可以作为员工手册的一部分内容展示。

投诉处理流程

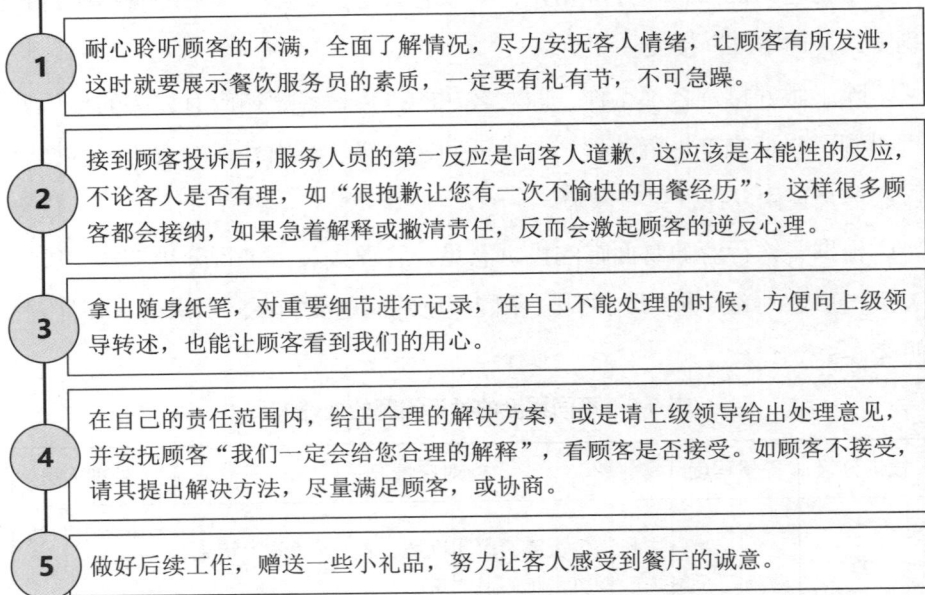

1 耐心聆听顾客的不满，全面了解情况，尽力安抚客人情绪，让顾客有所发泄，这时就要展示餐饮服务员的素质，一定要有礼有节，不可急躁。

2 接到顾客投诉后，服务人员的第一反应是向客人道歉，这应该是本能性的反应，不论客人是否有理，如"很抱歉让您有一次不愉快的用餐经历"，这样很多顾客都会接纳，如果急着解释或撇清责任，反而会激起顾客的逆反心理。

3 拿出随身纸笔，对重要细节进行记录，在自己不能处理的时候，方便向上级领导转述，也能让顾客看到我们的用心。

4 在自己的责任范围内，给出合理的解决方案，或是请上级领导给出处理意见，并安抚顾客"我们一定会给您合理的解释"，看顾客是否接受。如顾客不接受，请其提出解决方法，尽量满足顾客，或协商。

5 做好后续工作，赠送一些小礼品，努力让客人感受到餐厅的诚意。

图 3-1　投诉处理流程

实用范本 顾客投诉处理方案

一、日常服务用语

十字金言：您好，请，谢谢，对不起，再见。

二、禁止用语

对客人使用的忌语：不知道，不清楚，就是这样的。

三、应急预案的处理

1. 点菜出错。

（1）向客人表示歉意，弄清原因。

（2）提供两个选项给顾客，其一，看客人是否愿意将错就错；其二，通知厨房重新烹饪。

（3）客户不想要了，为客户办理退菜。

（4）赠送店内酿制梅子酒。

2.上错菜。

（1）客人已经食用的，可提供折扣。客人不愿支付，赠送给客人。

（2）客人未食用的，立即重新上菜，表示歉意。

3.菜品有异物。

（1）向客人表示歉意，并经客人允许后将此菜撤回。

（2）征询客人意见，重新为客人做一份，或更换特色菜品。

（3）向客人做出深刻检讨，确保今后不再发生类似的情况。

（4）调查原因，向客人说明，争取客人谅解。

（5）客户情绪激动，可作出折扣和免单处理。

（6）事后处罚有关责任人。

4.弄脏客人衣物。

（1）立即向客人递上毛巾或餐巾纸，真诚向客人道歉。

（2）协助客人擦拭，如果是女宾，要让客人自己擦拭。

（3）服务员应该马上整理台面。

（4）如果衣物贵重或受损严重，可提供干洗服务，或按折旧程度赔偿。要留下客人联系方式。

（5）提供送衣上门服务。

（6）为客人提供洗涤发票。

5.客人不满菜品拒不付款。

（1）首先表示歉意，耐心问明情况，如果客人所提的要求是正当的，菜品出现过咸过淡、不够实惠等问题，可以提供菜品免单服务或折扣服务。

（2）若是客人无理取闹，先表示歉意，委婉拒绝客人要求，并向客人提供一些赠品。

（3）若客人不依不饶，可报警处理。

6.上菜慢。

（1）向客人道歉，再视情况做出补救措施。

（2）可向客人表示"请稍等，我马上与厨房联系。""请再等几分钟，菜马上就来"，稳定客人的情绪。

（3）仔细查点菜单，确定是否因为漏写而导致没下单。若漏写，则立即口头通知厨房做菜，再补单。

（4）如果不是点菜环节的问题，服务员则要到厨房了解是否正在烹调。若还没有烹调，那么就通知厨房尽快烹调。

（5）在点单环节，向客人介绍菜肴时，应该推荐烹调时间较短的，避免客人等待时间过长而出现投诉情况。

7.客人不满服务。

首先致歉，更换服务员，再满足客人的要求，尽力做好服务工作。

8.客人投诉账单出错。

（1）首先向客人道歉，找到原因，说明情况，重新做账。

（2）如果是客人弄错了菜品价格，或客人计算错误，服务员应耐心解释。

（3）如果客人坚持，可以适当做些让步，提出为客人打九五折，由经理出面解释。

9.客人不满菜品味道。

（1）向客人道歉，询问客人的要求，将菜肴撤回厨房重新加工，再重新上菜。

（2）如果因为菜肴原料有问题，服务员应立即撤下菜肴，不计入账单，重新烹饪。

…………

3.1.5　引进自助点餐新形式

现如今餐饮业竞争越来越大，各餐饮企业都在想方设法节约成本，提高效率，而引进自助点餐是现在非常流行的一种方式，节约人力和时间，方便顾客，结算也更加方便了，可以说一举多得。

而自助点餐的形式有很多，包括二维码点餐、微信点餐、自助点餐机、App点餐等，很多餐厅是多平台上线，用户可以选择自己喜欢的自助点餐方式。下面一起来认识这几种自助点餐形式。

◆ 二维码点餐

随着"互联网 +"的热潮，餐饮"互联网 +"的概念也越来越火爆，用微信自带的"扫一扫"工具或其他二维码扫描工具扫描餐厅的二维码从而进行点餐，是"互联网 + 餐饮"潮流的产物，能够带来如下三点优势：

①平均节省顾客用餐时间 15~20 分钟；

②减少使用服务员点餐流程，为餐厅节省人力成本约 30%；

③提高餐厅翻台率，平均增加营业收入约 30%。

传统点餐模式非常复杂、麻烦，涉及人员较多，其用餐流程如图 3-2 所示。

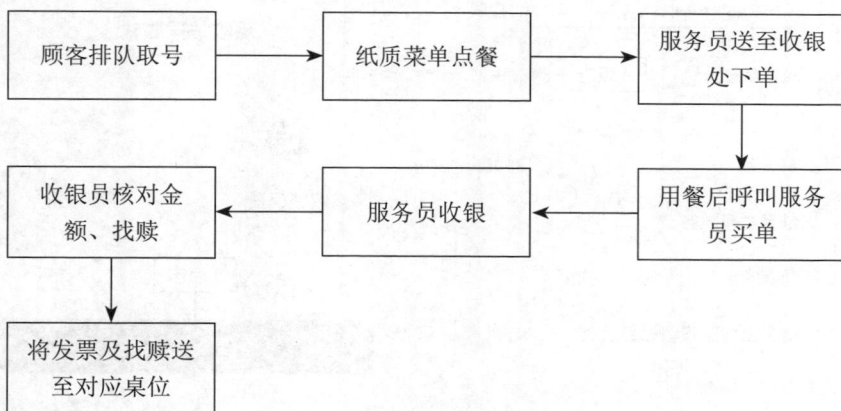

图 3-2 传统用餐流程

引入二维码点餐系统后，用餐流程就缩减为如图 3-3 所示的三步。

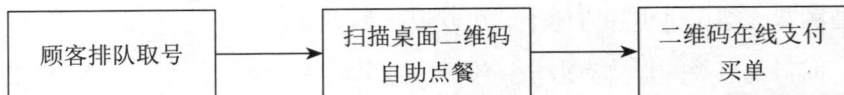

图 3-3　二维码用餐流程

通过两张流程图的对比，我们可以清楚感受到二维码自助点单的方便。

那么，如何在店内接入二维码点餐系统呢？市面上有很多免费好用的点餐系统或程序适合小型餐饮店使用。

下面以支付宝扫码点单系统为例进行介绍。

实操范例 支付宝扫码点单系统

进入支付宝，在首页上方搜索框中输入"商家服务"文本，页面随即显示"商家服务"程序，点击"进入"超链接，在跳转界面弹出对话框，点击"同意协议并开启"按钮，确认用收钱码收钱，如图 3-4 所示。

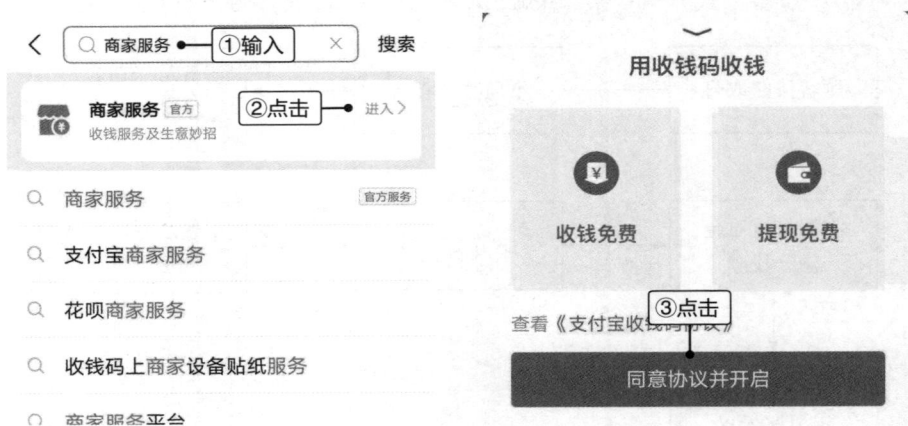

图 3-4　开启商家收钱码服务

点击"×"按钮关闭启用成功对话框，点击"更多"按钮，查看支付宝商家账户的全部服务，如图 3-5 所示。

图 3-5　点击"更多"按钮

　　进入"全部服务"界面，点击"扫码点单"按钮，开始接入点单系统，在打开的界面完善菜品信息，点击"批量添加"按钮上传菜单，如图3-6所示。

图 3-6　点击"批量添加"按钮

　　点击"上传菜单"按钮上传菜单图片（保证菜单图片文字清晰），在"识别结果"界面核对菜品名称、价格，可修改、可删除，最后点击"确定"按钮，如图 3-7 所示。

请避免如下情况：

内容要清楚无遮挡，不要偏移、模糊、反光

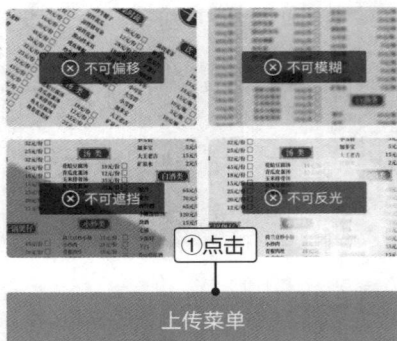

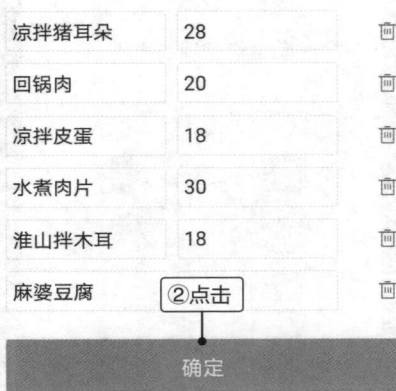

凉拌猪耳朵	28	🗑
回锅肉	20	🗑
凉拌皮蛋	18	🗑
水煮肉片	30	🗑
淮山拌木耳	18	🗑
麻婆豆腐	②点击	🗑

图 3-7　点击"上传菜单"按钮

在跳转界面点击"完成"按钮结束菜品录入（点击"继续拍照添加"按钮可录入更多菜品），在"商品列表"页面能看到刚刚上传的菜品信息，点击"确认"按钮，如图3-8所示。

图 3-8　点击"确认"按钮

进入桌码生成界面，可以看到提供给客人扫码点单的二维码图片，点击"保存图片并自行打印"按钮，打开对话框，点击"需要桌号"按钮为二维码图片添加桌号，能更精准地送餐，如图3-9所示。

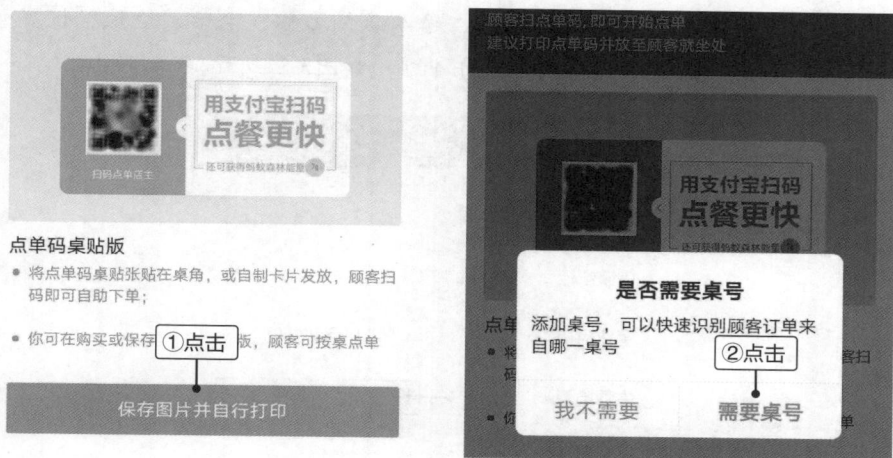

图 3-9　点击"需要桌号"按钮

在"点单码编辑"页面查看添加桌号名称，可以修改并预览，确认后点击"保存点单码"按钮，即可查看到全部点单码图片，打印出来进行粘贴即可，如图3-10所示。

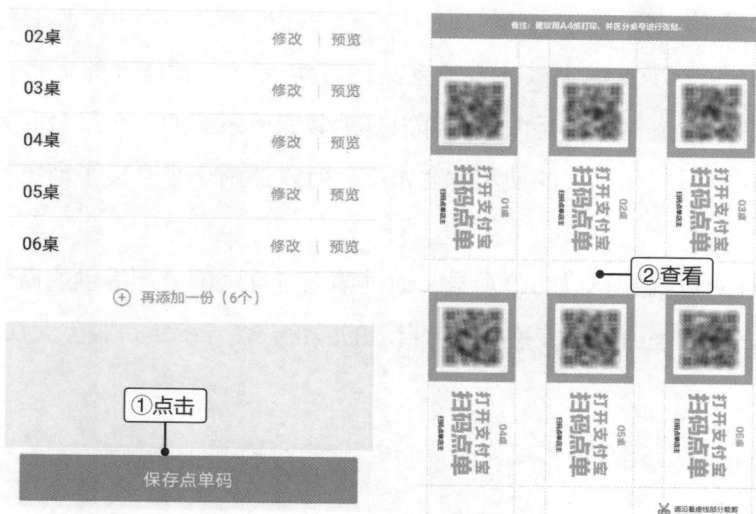

图 3-10　点击"保存点单码"按钮

　　之后便要对店铺信息进行完善，输入店铺名称、电话、地址，设置营业时间、类型，上传门头照片，保存即可，如图3-11所示。

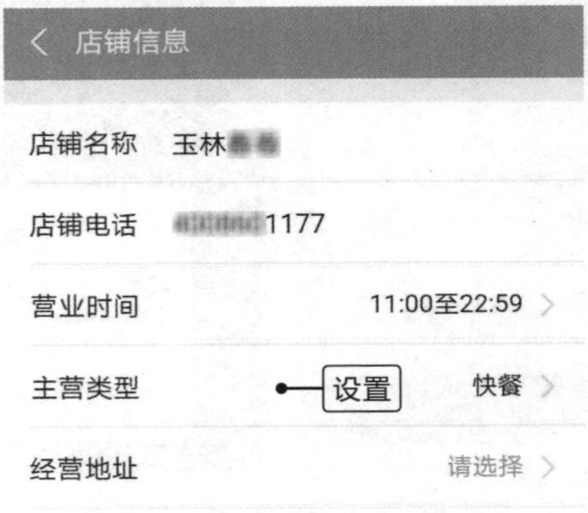

<table>
<tr><td><　店铺信息</td><td></td></tr>
<tr><td>店铺名称</td><td>玉林██ █</td></tr>
<tr><td>店铺电话</td><td>██████1177</td></tr>
<tr><td>营业时间</td><td>11:00至22:59 ></td></tr>
<tr><td>主营类型 ●—[设置]</td><td>快餐 ></td></tr>
<tr><td>经营地址</td><td>请选择 ></td></tr>
</table>

图 3-11　输入店铺信息

　　而大型连锁餐饮企业最好自己开发扫码点单系统，或是购买商用零售收银管理系统。

◆ 微信点餐

　　上节介绍了支付宝内的点单系统，其实商家用微信也能提供自助点餐服务。无论支付宝还是微信，都只是承载点单系统的一个平台和入口罢了，由于在日常生活中的使用率非常高，所以这两个平台成了商家首选的"阵地"。

　　餐厅可以建立自己的公众号，通过第三方互联网公司提供的微信点餐系统，注册网上店铺上传菜品，与自己的微信公众号绑定，服务大众。

知识扩展 如何建立餐厅的小程序或公众号

在浏览器中打开微信公众平台网址，便可以申请注册一个公众号或者小程序，如图 3-12 所示。

图 3-12　微信公众平台首页

◆ 自助点餐机

当然很多餐厅也会购买适合的自助点餐机，一般摆放在收银台附近，不过生意好的时候可能需要顾客排队，所以餐饮店必须根据顾客流动量和餐厅面积，确定自助点餐机的台数，减少排队的情况，真正实现方便与高效。

◆ App 点餐

App 点餐一般针对大型连锁餐厅而言，这样的餐饮企业有自己的

App，能够提供各种餐饮服务，包括自助点餐，图 3-13 所示为肯德基 App 主界面。

图 3-13　肯德基 App 主界面

3.2　定时检查楼面工作

楼面工作直接影响到顾客的用餐体验，所以管理人员要尽量减少纰漏，最好的方法是定时检查，看有什么地方不妥，可以立即处理。

3.2.1　营业前例行检查

营业前的例行检查几乎是所有餐厅都会做的，这样可以保证有一个好的开端，而检查工作应该按照既定的规章项目来开展，这样管理者才不会遗漏或忙乱。下面来看下某餐厅开店前的工作检查规范。

实用范本 餐厅工作检查规范

1. 目的

为了规范餐厅每日营业前的工作检查，特制定本规范。

2. 适用范围

适用于本公司前厅楼面经理的工作查核。

3. 检查时间

每日 10:00~11:00，休息日照常。

4. 管理规定

（1）店面前的骑廊与马路均视为清洁区域，应保持整洁。

（2）店面前的海报架、订席牌、脚踏垫是否清洁并定位。

（3）大理石地面是否清洁。

（4）灯光和空调是否调整正常。

（5）热水器是否正常，饮水壶是否擦拭，水壶是否灌满热水。

（6）小礼物数量是否足够。

（7）柜台是否整理好。

（8）播放的音乐是否合适。

（9）菜单是否整理并摆放正确。

（10）各服务台上的备品是否补充齐全。

（11）各桌面是否摆放正确且清洁，餐具、餐垫纸、水杯台卡、纸巾盒、餐椅是否已擦拭，摆放是否整齐。

（12）关上玻璃门并开灯。

（13）吧台各项备品是否准备充分。

（14）厕所是否清洁，地面是否干透无水渍。

（15）饭菜是否准备妥当，服务员自检完毕并就位。

5. 检查结果处理

对例行检查工作中发现的问题，要立即采取措施予以处理；对同一区域同一责任人员出现的多次问题，应做相应的经济处罚或行政处理，并在员工绩效考评中作为一个要素列入。

3.2.2　营业中随机检查

餐厅在营业中不适合进行规模化的检查工作，不过管理人员可以随机进行检查，抽查的制度能够给员工以警醒，让他们不至于放松。营业中的随机检查并不是每天必需的工作，一切要根据管理人员的工作时间来定，有足够的时间可抽空去大堂检查。

如下所示为某公司营业期间的检查项目。

1. 服务是否有缺失，如推拉椅、倒茶、加水、上菜单、点菜、酒类服务、点烟、换烟灰缸、杯中加水、结账、迎客、送客、带位等。

2. 出菜是否正常？

3. 客人用餐状况及反应。

4. 员工服务是否亲切，是否面带微笑？

5. 各区域员工的工作量及服务量是否平均？有无调动支援的必要？

6. 空调是否保持正常？

7. 音乐是否保持正常？

8. 厕所是否保持清洁，查看卷桶纸、擦手纸、镜面、台面、地板、小便斗、马桶，以及各项备品的补充。

9. 地毯是否随时保持清洁？

10. 客人桌面是否随时保持清洁？

11. 员工对客人的状况是否随时掌握？

12. 员工执行是否有遗漏？时间掌握是否准确？

13. 现场客人是否有人服务？有无遗漏？

从以上内容可以了解到，日常检查工作的内容主要分为以下五类。

①服务员的服务是否到位。

②各处卫生情况是否能保持基本的清洁度。

③餐厅内客人的状况如何。

④工作流程的顺畅度，包括出菜、上菜。

⑤设备情况正常与否。

3.2.3 中午及晚上收尾工作检查

有的餐厅早、中、晚都要运营，有的只经营中午或晚上，有的从中午经营到晚上，中间做调歇。餐厅中午或晚上运营结束后，需要对楼面环境进行打扫及整理，才能迎接下一次营业，也就是我们常说的收尾工作。

在做收尾工作时，员工容易掉以轻心，所以管理人员应该加强检查。一般来说，收尾工作要检查的项目有以下一些方面。

1. 各服务台的备品是否收存妥当。

2. 餐具是否消毒、清洁并归各区橱柜摆放整齐。

3. 桌面、台面是否打扫干净，固有摆设是否整齐，是否重新铺排。

4. 出纳结账工作是否完成。

5. 楼面区域消毒是否完成。

6. 正常下班人员与值班人员交接班检查。

7. 员工各项工作是否确实完成并汇报。

8. 茶水壶是否补充及擦拭干净，并摆放定位。

9. 各服务台置物格内的物品是否准确。

10. 垃圾是否清理，含垃圾桶周围清理。

11. 根据未离去客人的人数、所在位置，适度调整灯光。

12. 会后未完成的收尾工作是否安排员工补充完成。

13. 水电煤气是否关好，空调、电灯等设备是否关好。

管理人员除了按项目进行检查外，还应该对检查结果有所记录，对于不足之处应该提出来，让员工改进，还要归档保存，作为工作的证明。一般用表格记录更便捷、直观。如表 3-6 所示为楼面日常检查表。

实用范本 楼面日常检查表

表 3-6 楼面日常检查表

文件编号					
项目	检查内容	处理完好	处理不当	责任人	备注
加工					
卫生					
桌椅整齐					
厕所卫生					
设备使用					

3.3 楼面工作中面临的各种问题

楼面工作与客人打交道最多，凡是人一多，各种突发情况就接踵而至，作为楼面服务员及领班，除了要有专业的工作能力，能够随机应变也很重要，下面来了解一下楼面工作中面临的各种问题。

3.3.1 如何处理顾客醉酒

餐饮经营中酒水是一大利润项目，可是令管理人员担忧的是，客人喝多了酒后意识不清，更有甚者闹酒疯，餐饮店员工该如何处理呢？如表 3-7 所示。

表 3-7　对顾客醉酒的处理方式

特殊情况	解决方式
客人醉酒后要求打折	①首先不要轻易答应，先稳定客户情绪 ②给客人倒茶或提供解酒药 ③通知保安注意客人动向，以防产生冲突或逃单 ④若顾客有同行人，最好与较为清醒的人交流
客人喝醉要求服务员陪酒	①向顾客表明工作期间，不能饮酒 ②借口离开 ③顾客不依不饶，呼唤同伴或领班解围
客人醉酒呕吐	①及时送上毛巾、茶水 ②及时清理呕吐物 ③若是弄脏地毯，视污损程度进行索赔 ④帮助客人结账，并送客人及同伴离开，或为客人叫车，叫代驾
客人醉酒争执	①立即上前稳定双方情绪 ②隔开两人距离 ③冷静工作，保证餐厅的正常运营，稳定其他客人的情绪 ④查看是否有打碎的物品，以及人员受伤

续表

特殊情况	解决方式
客人喝醉损坏物品	①依据餐厅赔偿价目表索赔 ②立刻收拾损坏物品，以免伤到其他客人 ③准备好监控视频，以防客人不认账
客人醉酒打人	①若客人斗殴，不要急着出头，应该立即通知保安，并拨打110 ②若客人对员工动粗，通知保安制止，安抚员工，检查伤势 ③若有人受伤，必须扣留客人，要求其赔偿医药费，并通知警方处理

3.3.2　各种意外事件考验餐饮管理

除了客人醉酒这种比较复杂的情况，面对一些突发状况，服务员也需有条理地处理，向客人呈现餐厅管理有素的状态。

◆　小朋友突然吵闹

若有客人带小朋友用餐，服务员应该特别照顾，除了准备儿童座椅、儿童餐具，在小朋友吵闹的时候还要尽量控制局面。可以通过零食、玩具、饮料分散小朋友的注意力，温柔引导小朋友安静下来，并催促后厨优先上菜，让客人尽早结束用餐。

管理人员此时就要发挥管理能力，让有育儿经验的服务人员负责该桌的服务。

◆　顾客突然取消菜品

客人要求取消菜品，服务员要问明原因，然后再做决定。若是后厨还未烹饪便及时通知取消；若是后厨已经开始烹饪，向客人解释不能退菜。另外，若客人坚持退菜，而菜品不是很名贵，可以答应客户，以免闹得太僵。

◆ 店内客满如何安排

用餐高峰期，如中午 12 点和晚上 8 点，店内容易出现客满的情况，为了更好地服务前来用餐的客人，餐厅应对座位做出科学的安排。能够拼桌的可以进行拼桌，如果所有座位都满了，要礼貌告知客人已经满座，可以在等待区坐等。

另外，还要按照先来后到为客人编号，按号进店用餐。为了避免客人等候无聊，还应提供一些茶水、杂志、点心，照顾客人的感受。

◆ 菜汁溅到客户身上

这种突然情况的发生，服务员要保持冷静，不要手忙脚乱，首先询问客人有没有被烫到，立刻递上毛巾擦拭，向客人诚恳道歉。若客人提出干洗服务，可请客人脱下外套由餐厅负责清洗干净，注意提醒客人保管好自己的财物；或是让客户拿着干洗票据，由餐厅结账。

◆ 客户赶时间

客人赶时间，服务员应向客人介绍外带服务，或向客人介绍烹制简单、快速的菜式，下单时备注客人的特殊情况让后厨加快烹饪。

工作梳理与指导

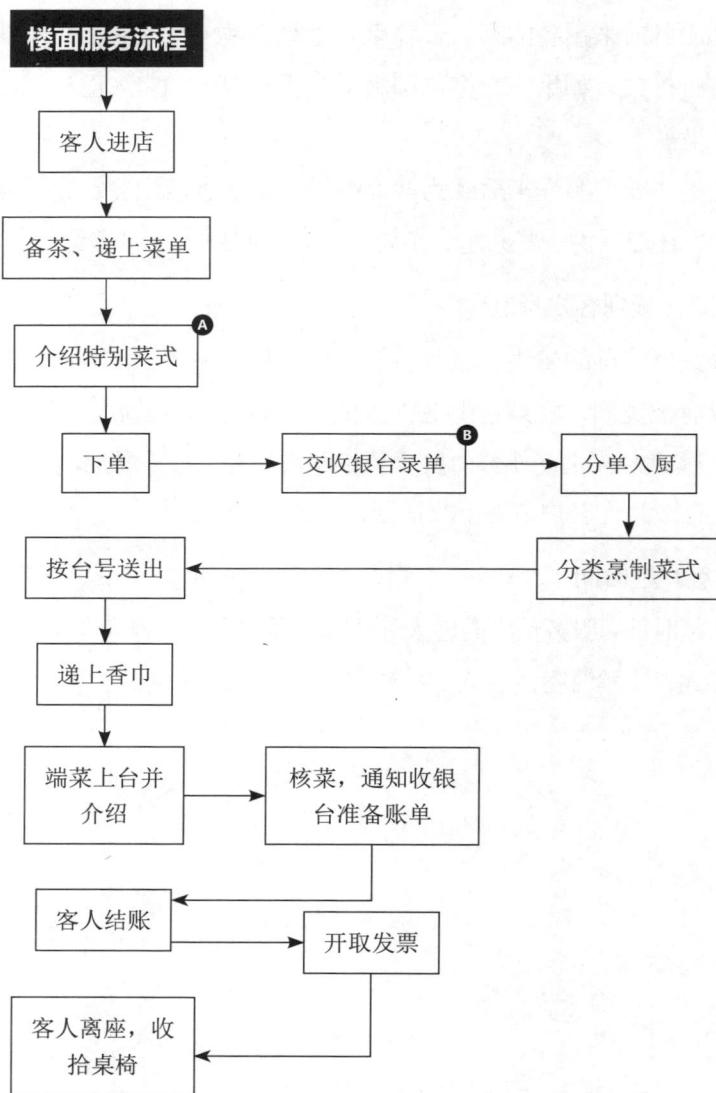

楼面服务流程

客人进店

↓

备茶、递上菜单

↓

介绍特别菜式　Ⓐ

↓

下单　→　交收银台录单　Ⓑ　→　分单入厨

↓

分类烹制菜式

按台号送出　←　

↓

递上香巾

↓

端菜上台并介绍　→　核菜，通知收银台准备账单

↓

客人结账　←　开取发票

↓

客人离座，收拾桌椅　←　

流程梳理

按图索骥

A 向客人介绍菜式时，应该注重针对性，因为每个人的口味都是不一样的，而且不能多嘴，客人有需要才做介绍。若客人有明确的喜好，直接点单即可；若客人询问特色菜，可先问客人平时的喜好，是偏辣还是偏清淡，是喜欢猪肉、牛肉还是海鲜，是喜欢粤菜、川菜，还是鲁菜、湘菜，然后再为客人重点介绍。另外，还要观察客人的消费水平，如果是高端客户可以为其推荐高级食材，这样能让客户不虚此行。

B 收银员的班前准备工作十分重要，包括清点周转金，无误后在登记簿上签收；领取该班次所需使用的账单及收据，检查是否顺号；检查电脑系统的日期、时间是否正确；检查色带、纸带是否足够。

答疑解惑

问：客人需要的菜品，菜谱上没有，服务员该怎么做呢？

答：①首先不要急着拒绝客人，可以先表示"稍候，我到厨房问一下"，让客人感受到餐厅的用心。②如果厨房有原材料，便告知客人可以为其烹饪，不过价格需要提前商议好，最好由经理来做交涉。③如果厨房没有原料，不能做，要向客人表示歉意，然后积极介绍本店类似风味的菜品。

问：餐厅在营业过程中突然停电了怎么办？

答：①首先安抚客人，告知客人是停电了，马上便会发电。②通知工程部排查原因，先用发电机发电。③提醒客人不要到处走动，注意安全，并打开手电筒。④领位员看好进出通道，暂不让外人进入餐厅，避免发生意外。⑤了解停电原因，向客人做出解释。⑥尽可能地提供更优质的服务，加以弥补。

问：老年客人用餐时服务员需注意什么？

答：①注意查看地面是否湿滑，搀扶其到餐位。②为客人介绍时应话语洪亮、吐字清晰、语速放慢。③多为老年人介绍清淡可口的菜式。

实用模板

餐饮楼面盘存表　　　　餐厅楼面工作周报表　　　　餐饮部楼面经理工作职责

楼面惩罚制度　　　　　楼面考勤表　　　　　　　　跑菜员工作职责

宴会预订服务制度

第 4 章

传统与现代营销结合使用

营销对餐饮经营管理来说非常重要，通常来说，餐厅开店要营销，遇到节假日要营销，店庆要营销，淡季要营销。营销活动不是一次性的，而是长期需要，所以餐饮企业要找到合适的营销方式，让经营效益能够持续发展。

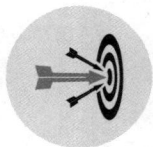

4.1　常见的宣传手段

为了让餐厅能被更多人所知道，吸引大量客人前来用餐，餐饮企业必要的商业宣传不可或缺。餐厅或餐饮企业通过承担一定的宣传费用，使得不同的媒介和形式直接或间接地推销餐厅或企业，在此过程中以获得更大的经济收益。

4.1.1　给餐厅打广告

为餐厅打广告是一项传统且有效的方式，通过广告效果能获得更多的人流量。作为餐厅管理者，选择合适的广告方式非常重要，常见的广告宣传形式有如下几种。

◆　公交车车身广告促销

公交车属于移动媒体，广告表现形式为全车身彩绘及车身两侧横幅挂板等，其特点是接触面广，覆盖率高。公交车广告可以辐射到全城的居民，管理人员若选择该方式，可根据餐厅所在地区和目标受众对象来选择路线。

◆　地铁广告促销

在地铁范围内设置的各种广告统称地铁广告，其形式有 12 封灯箱、4 封通道海报、特殊位灯箱、扶梯、车厢内海报等。其特点是人流集中、受注目程度高，能够增加产品的认知度。

不过，地铁广告的限制性也非常明显，只有在大城市中才能利用地铁广告的形式，小城市餐厅没有实现的条件。

◆　电梯广告促销

现在越来越流行在居民区、商业区的电梯内挂示各种风格的标牌式或显示屏的宣传图文。由于辐射到居民的生活场所中，所以广告效果也十分显著，尤其是与日常生活息息相关的广告，包括餐饮类、家电类。

◆ 路牌广告促销

路牌广告是在公路或交通要道两侧，利用喷绘或灯箱进行广告的形式，一方面可以根据地区的特点选择广告形式，另一方面可为片区固定消费者提供反复的宣传，加深印象。最好选择城市黄金地段，人流量大，这样能将广告效益扩大。

◆ 店内宣传品广告促销

客户进店用餐，为了给客人留下印象，餐厅可以发放一些纪念品，上面印上餐厅名、标志、联系电话、地址等信息，客户带回家后也能时不时地看到餐厅信息，增大到餐厅用餐的概率。

纪念品有很多种类，包括纸巾、玩偶、折扇、茶叶、精包装筷子等，最好是与用餐有关的日用品，且单价不能过高，否则耗费太多成本就得不偿失了，根据餐厅的档次来选择相应的宣传品即可。

◆ 店外告示牌广告促销

就以餐厅为活动中心进行宣传促销，可以在店门口拉横幅，或竖广告牌，或发宣传单，让过往行人被广告吸引，进店用餐。

以上可选择的广告促销方式，大多是户外广告，是在城市建筑物外表或街道、广场等室外公共场所设立的霓虹灯、广告牌、海报等，面向所有的公众，虽难以选择具体目标对象，但可在固定的地点长期展示企业的形象及品牌，因而对提高企业和品牌的知名度是很有效的。

现如今，科学技术迅猛发展，户外广告也引用了不少新材料、新技术、新设备，并成为美化城市的一种艺术品，可以完美展现广告的创意。所以餐厅要重视广告创意，争取在消费者心中留下记忆点。

餐厅的广告文案可以交给广告公司来做，也可以交给企业宣传部来做，小型餐饮店若为了节省成本，也可以自己设计文案，自己在网上收集素材制作。无论怎样，管理人员都要注意广告文案设计的基本原则。

①简单易懂。广告语最忌高深莫测、拖沓冗长，这样的广告语消费者看过就会忘记，根本不会留下深刻印象。相反，简单好记又上口的广告语，很容易广泛传播，流行起来，比如耐克的广告语"Just do it"。

②针对性。广告文案要能突出餐厅的特色，不能让人觉得千篇一律，消费者看不到值得一去的理由，餐厅就"泯然众人"了。如下例所示。

实操范例 "营养还是蒸的好"锁定受众群

"真功夫"是最近几年火爆全国的快餐品牌，该餐饮品牌凭借一句广告语"营养还是蒸的好"，将目标消费者划分出来，结合中国人的饮食习惯以及对健康的重视，迅速打出知名度。

其品牌以特色蒸品为主，与其他快餐、甜点区分开来，广告语与特色餐品结合，打造出了另类的饮食文化。

③有情绪。一个好的广告文案一定是能调动大众情绪的，无论是搞笑、伤感、怀旧、激动，广告语自带情绪，就能感染到普通大众，进而吸引其注意力。如现在很多广告文案为了扩大网络传播量，开始与段子、热梗结合，娱乐大众；或是走温情路线，将食物与每个温情脉脉的场景结合，一下就变得独特起来，如图 4-1 所示为小肥羊的宣传短片截图，其广告语"我们很快就熟了"，一语双关，让客人与朋友更近一点。

图 4-1 "我们很快就熟了"

4.1.2 推出特色菜品

相信在餐厅工作的你，一定听过客人问"你们店有什么特色菜"。为了方便服务人员介绍，每个餐厅都要有几道招牌菜，并且要形成体系和宣传点。管理人员可从以下几大方面入手找到主打方向。

①食材。食材是体现餐厅档次的重要手段，食材越高端、越少见，餐厅菜式越独一无二，越能吸引那些饕餮食客，如野生松茸、高级松露、澳洲大龙虾、鱼子酱、河豚、神户牛肉，如果一道菜中有这些食材，就能吸引那些慕名而来的消费者，并形成口碑。

②口味。口味是一道菜品的灵魂，光是中国就已经分了八大菜系，每种菜系的口味还能细分，如川菜有麻辣、酸辣、甜辣、煳辣、鲜辣、香辣、糟辣等，特殊的口味能留住"对味"的人。

③烹饪方式。对于有的菜来说，烹饪方式与菜品是一体的，特殊的烹饪方式造就了它的特别，如生食、炭烤、油爆、清蒸。相信大家都知道，日本铁板烧为什么能享誉全球，除了美妙的味道外，更重要的是其烹饪时的表演也是一绝，与顾客的互动增加了用餐的娱乐性。

> **知识扩展** 特色菜宣传语
>
> 要更快更直接地打出特色菜的名头，餐厅可用一句简单的宣传语做到，即"要吃××菜就到××"或"来××吃××"，将特色菜与店名直接关联起来，让人产生联想。

除了从菜品和烹饪着手，要成功打造特色菜，还有一些宣传技巧是不能不用的，下面来了解一下。

◆ 招牌菜要精简

招牌菜就是餐厅的底牌，重点便在"独特"二字上，若一个餐厅的招牌菜有10多个，瞬间就会失去主次，也变得不可信了。一般小餐厅1～2个招牌菜足矣，大餐厅有 5 ~ 6 道也够撑场面了。另外，从营销的角度来说，招牌菜数量越少，消费者越好记。

◆ **招牌菜成体系**

一家企业要有自己的核心技术和发展方向，一间餐厅也必须有自己的核心菜系，从核心菜系中推出一道经典菜会更吸引人，经营方向也明确。

如某餐厅主打海鲜菜品，店内 80% 都是海鲜，同时也做一些家常菜，有一道菜最为可口美味，就是帝王蟹，这也是让餐厅远近闻名的法宝。这样风格突出、自成体系的餐厅，才能脱颖而出。

◆ **招牌菜经典不猎奇**

很多餐饮管理者可能会走入一个误区，即特色菜一定要不常见，所以选一些奇奇怪怪的食材作为原料，推出新奇菜品。这其实不符合大众的饮食习惯，只能吸引一些猎奇的食客。当然，若是你想要让餐厅走网红路线，制造噱头，可以推出一些"奇怪"的菜式，不过不能作为主打菜，主打菜应该面向大众。

4.1.3　宣传服务水准

将餐厅的营销融入日常的服务工作中，同样十分有效，不仅让客人更满意，还顺便宣传了餐厅，一举两得。常见的服务宣传手段有哪些呢？

◆ **知识性服务**

有的餐饮店为了吸引上班族、学生等人群，会在店内准备报纸、杂志、书籍等摆设，布置一个雅致的环境，将用餐功能与休闲阅读功能合而为一，很多咖啡馆、小食餐厅就是这么做的。如图 4-2 所示。

图 4-2　咖啡馆书屋

◆　附加服务

现在消费者们外出用餐不仅仅是品尝美食，同时也看重餐厅的服务，如果餐厅能够提供一些附加服务，如赠送一些果品、鲜花，让客人有一份好的心情，那就能从众多餐馆中脱颖而出。这方面海底捞做得很好，来看下面的案例。

实操范例 **提供附加服务提高顾客满意度**

海底捞是一家以经营川味火锅为主的连锁品牌，其优质的服务备受赞誉，为企业赢得了很多消费者的喜爱。某天，杨某慕名前去吃火锅，由于店里人太多了，便在等待区等候，等候区提供了各种瓜子点心还有茶水。

杨某便边吃瓜子边和迎宾员聊起来……

杨某："我特喜欢吃瓜子，吃多少都免费吗？"

迎宾员："您随便吃，无须担心，我们负责添置，您喝饮料吗？我来倒。"

杨某："我喝点橙汁。"

迎宾员："好的。"

杨某："那我吃完喝完就走了可以吗？"

迎宾员："您如果有事，我们等您下次再来。"

杨某："那我每次来都在门口吃喝，不消费，可以吗？"

迎宾员："那太好了，您是免费帮我们做宣传，其他消费者会觉得我们这儿生意好，总有人排号。"

吃火锅的时候，杨某随口问了一句，今天没有哈密瓜吗？服务员便走近解释最近店内不提供。不过一会儿，服务员就端了一盘哈密瓜站在旁边，说是特意到水果店买的。

吃完火锅后，杨某怕口内有味道，便问服务员有薄荷糖吗？没想到服务员拿了一大包让杨某带走。

离开海底捞后，杨某觉得这次用餐体验十分好，觉得自己备受关注，自己的需求都被满足了，很愿意下次再去。

从该例中，我们可以感受到海底捞的服务水准，其服务与品牌已经融为一体了，让食客无法拒绝。

知识扩展 **海底捞服务特点**

> 排队等号时，餐厅就为等待的顾客提供免费美甲、护手；免费饮料、零食和水果。服务员来自五湖四海，可以找老乡服务，态度热情，甚至在卫生间里都会有专人服务，包括开水龙头、挤洗手液、递擦手纸等。

◆ 表演服务

为了吸引客人，很多餐厅还会提供表演，包括歌手驻唱、四弦奏、钢琴独奏等，让客人的味觉与听觉同时得到享受，对于享受情调的客人来说，是一大吸引。不过这种促销方式一定要与餐厅定位相协调，如中餐厅内演奏四重奏就很奇怪。

> **知识扩展** 事件促销
>
> 　　事件促销说穿了就是"蹭热点"，利用一些热点事件的关注度，为餐厅带来热度，不过，事件促销不是什么热度都去蹭，大致要遵循以下流程。
>
> 　　①时刻关注热点事件，最好与餐饮行业有关，如爆火的美食纪录片《舌尖上的中国》《人生一串》，相关电影、动画，或是公益活动等。②要借用热点事件宣传餐厅，还要找到彼此之间的关联，如在知名纪录片《舌尖上的中国》中发现了本餐厅的同款菜式，可以借机宣传。③创作文案，借由热点事件，将餐厅特色凸显出来。

4.1.4　节假日促销

节假日促销是最为普通、常用的促销方式，每个餐厅都会采用这种促销方式，一来是节假日外出用餐的人员比平时多几倍，二来借着节日氛围让客人有宾至如归的感受。

中国的一些传统佳节，如春节、端午节、中秋节、元旦节，都是比较热闹的日子，阖家老小都会聚在一起用餐，餐厅也应该拿出诚意来招待客人，给出一定折扣，策划一些主题活动，利用节日欢乐的氛围，抓住客人的心。

餐厅应该提前做好准备，首先要制作节假日促销方案。如下所示为某餐厅中秋节促销活动方案。

实用范本 中秋节促销活动方案

一、活动主题——"把月亮带回家"

二、活动目的

1. 烘托节日气氛，促进存货销售。

2. 让利于客人，积累消费群。

三、活动时间

2023 年 9 月 19 日到 2023 年 9 月 21 日

四、活动内容

1. 活动期间，消费满 100 元，送一个挂有月亮的钥匙扣，月亮钥匙扣形状多样，制作精致，上面刻有祝福语：中秋快乐。凭结账小票到餐厅指定处领取，100 元一个，200 元两个……依次类推。领取后在小票上盖章。

（1）钥匙扣由采购部定做，根据餐厅销售额确定定做数量，每个钥匙扣定做成本控制在一元以内。

（2）在钥匙扣上刻上餐厅名称，也可以跟祝福语结合起来，如"××餐厅祝您中秋节快乐"。

2. 随机抽奖活动。

当顾客买单结账之后，收银员就可以告诉顾客到指定的位置抽奖，顾客只需将账单交给指定人员，就有一次随机抽奖的机会。

（1）奖项设置。

本次促销活动设一、二、三等奖和参与奖。

一等奖：赠 × 白酒典藏 1 瓶（20 个）。

二等奖：赠 × 白酒精品 1 瓶（60 个）。

三等奖：赠 × 小红瓶酒 1 瓶（150 个）。

参与奖：赠打火机 1 个（400 个）。

（2）控制原则。

消费者抽到的酒类奖品需等结账后在吧台凭票领取。

3. 给中秋套餐给予特别折扣。

为了推广和制造中秋就餐气氛所推出的中秋套餐新品种，同时为了吸引更多的顾客点餐，我们可以给中秋套餐给予特别的折扣。其中的内容大家做好详细策划才行，在此不详细述说，只是一个主题活动参考意见。

4. 顾客演讲中秋之夜。

在顾客就餐时，餐厅可以告诉客人：谁愿意上台来，用 30 秒或 40 秒做一个短暂演讲，获得大家鼓掌最热烈者，当天的餐费免单。

5. 特殊客人优惠活动。

餐厅特别指定第 921 位客人为特殊客人，发放餐厅 VIP 卡，获得特别的服务和优惠。

4.1.5 跨界促销多条路

跨界营销是一种营销方式，"跨界"代表一种新锐的生活态度与审美方式的融合，让原本毫不相干的元素相互渗透、相互融合，参与跨界营销的双方一定是互补性而非竞争性的企业。

餐饮业开展跨界营销，一般是将吃喝玩乐汇聚到一起，大大提升用户体验，那么在寻找合作伙伴时，有哪些考虑呢？

◆ 银行

餐厅与银行合作，成为银行的优惠商户，共同承担优惠成本和利润，所有使用该银行卡的用户都有可能成为餐厅的潜在客户，银行持卡人到合作餐厅用餐可以获得相应折扣、积分或优惠。

◆ 电影院

吃饭、逛街、看电影可以说是都市人休闲娱乐的基本操作，餐厅与附近电影院合作，是服务的延续，吃好喝好后，消费者想要玩好也能享受优惠，这样可令各方受益。营销方式有以下几种。

①消费满 200 元即送 ×× 电影票两张。

②凭电影票根到餐厅用餐打 95 折。

③在餐厅就餐有订票优惠。

④在餐厅门口放置电影宣传的海报广告。

◆ 商场、超市

很多时候超市与餐厅的消费者是交叉的，餐饮企业可以借助超市巨大的人流量，扩大自身的知名度，宣传近期的促销活动，如将餐厅的宣传海报放在超市入口处，或将超市购物券放在餐厅收银台，这样互相引流，达到双赢。

◆ 酒水品牌

餐厅为客人提供餐品的同时还会提供各种酒水饮料，若是与酒水品牌合作，客人在超市购买一定数量的饮料就能享受餐饮优惠券，这样扩大彼此的优势，将吃喝连接在一起，一定能吸引消费者。

◆ 家电专卖场

家电专卖场一般是商场生活区的重点卖场，是家庭不可缺少的消费场所，与家电卖场合作推销餐厅，有很大一部分消费者是重合的，在彼此店面内放置优惠信息或宣传信息就能互相引流。

4.2 互联网营销模式

互联网营销是随着互联网进入商业应用而产生的，借助网络、通信和数字媒体技术等实现营销目标的商务活动。互联网为营销带来了许多独特的便利，如低成本传播资讯到听众、观众手中。

互联网营销可以利用多种手段，如 E-mail 营销、博客与微博营销、网络广告营销、视频营销、媒体营销、竞价推广营销和优化排名营销等。下面我们来了解一下餐饮行业可利用的互联网营销手段。

4.2.1　认识 O2O 平台

O2O 是 online to offline 的缩写，即在线离线 / 线上到线下，是指将线下的商务机会与互联网结合，让互联网成为线下交易的平台。

很多企业利用 O2O 平台将线下销售与服务搬到线上推广来揽客，消费者可以在线上筛选需求，可进行在线预订、结算。餐饮店也会利用美团、饿了么等平台，扩大服务面。常见的 O2O 平台见表 4-1。

表 4-1　常见的 O2O 平台

分　　类	平台举例
团购类	大众点评、聚划算、聚美优品、美团网、唯品会
外卖平台	百度外卖、美团外卖、外卖超人、淘点点、生活半径
美食菜谱平台	豆果美食、美食天下、下厨房、微菜单
酒类	酒仙网
生鲜配送类	顺丰优选、每日优鲜、本来生活网

其中，美团外卖、大众点评等消费者非常熟悉，也是商家可利用的 O2O 平台，下面进行具体介绍。

◆　美团外卖

美团外卖是美团旗下网上订餐平台，美团外卖品类包括附近美食、水果、蔬菜、超市、鲜花、蛋糕等。不仅提供早午晚餐、下午茶、夜宵、中餐、西餐、家常菜、小吃、快餐、海鲜、火锅、川菜、蛋糕、烤肉、水果、饮料、甜点等，还提供送药上门、美团专送、跑腿代购等多种服务。

除了普通商家，很多品牌餐饮也入驻了，如永和大王、真功夫、U 鼎冒菜、麦当劳、肯德基、蜜雪冰城等。消费者想要各种服务，都可以在线上下单，由美团"骑士"为其办到。

商家入驻这样的平台，可以通过平台资源达到宣传店铺的目的，还能让消费者享受到更便捷的服务，不用到店就能吃到美食。如图 4-3 所示为美团外卖 App 上的餐饮店铺。

图 4-3 入驻美团外卖的商家

只要给手机定位，就能向消费者提供附近的餐食，消费者可以根据自己的口味，浏览选择，那么商家应该如何入驻美团外卖呢？下面来看具体操作。

实操范例 餐饮店入驻美团外卖

打开美团外卖 App，点击"我的"按钮，在"更多推荐"栏点击"商家入驻"按钮，在打开的界面点击"立即开店"按钮，如图 4-4 所示。

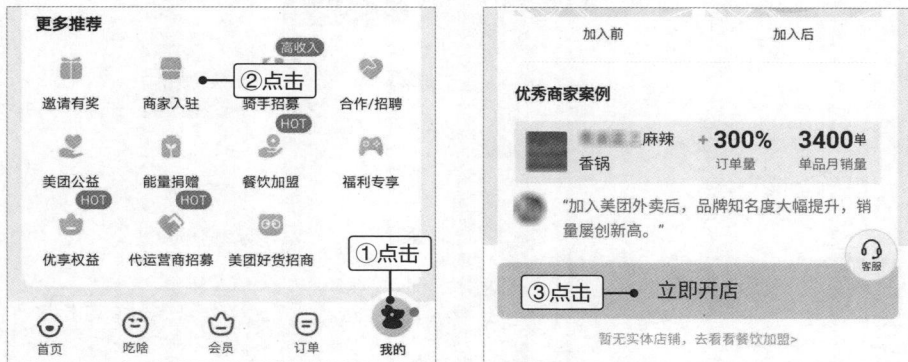

图 4-4 点击"立即开店"按钮

接着在弹出的对话框中需要选择商家入驻类型，在"餐饮类商家入驻"栏点击"立即入驻"按钮，进入注册界面用手机号完成注册，如图4-5所示。

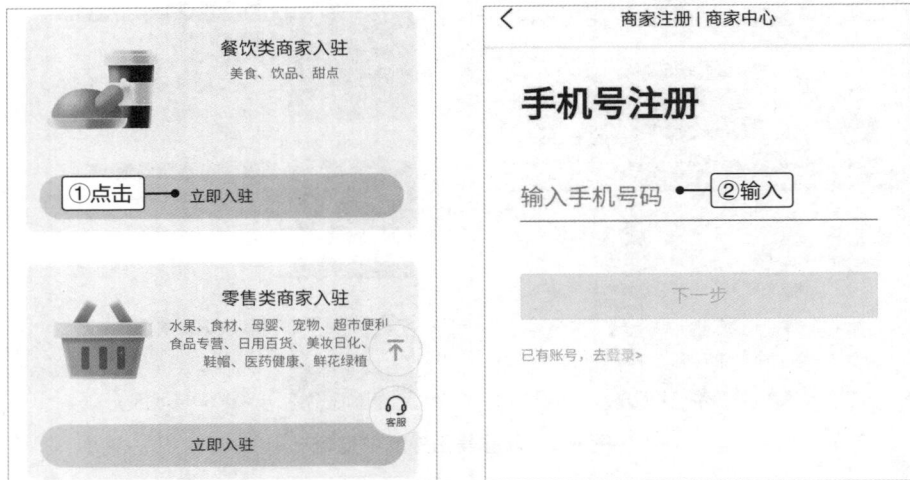

图4-5　点击"立即入驻"按钮

登录账户，进入"选择品类"界面，选择"美食/中式菜肴/川菜"选项，点击"选好了"按钮，在"我要开店"界面，了解需要准备的资料，点击"我准备好了"按钮，开始上传资料，如图4-6所示。

图4-6　选择经营品类

上传资料后等待平台审核通过，便可运营账号了。一般来说，开店流程要经历如图 4-7 所示的 3 个步骤。

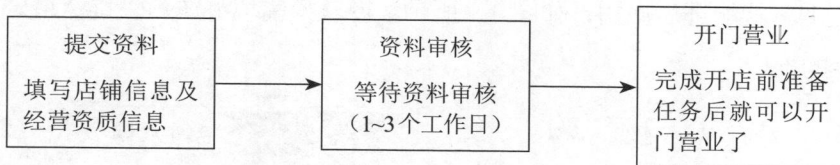

```
┌─────────────────┐      ┌─────────────────┐      ┌─────────────────┐
│    提交资料       │      │    资料审核       │      │    开门营业       │
│                 │  →   │                 │  →   │                 │
│  填写店铺信息及    │      │  等待资料审核     │      │  完成开店前准备   │
│  经营资质信息      │      │ （1~3 个工作日）  │      │  任务后就可以开   │
│                 │      │                 │      │  门营业了         │
└─────────────────┘      └─────────────────┘      └─────────────────┘
```

图 4-7 开店流程

知识扩展 美团外卖上的开店要求

①有实体门店。入驻美团外卖平台前，须有线下实体店铺。

②有经营资质。申请开店过程中需要提供符合国家法律规定的经营许可证照，包括但不限于营业执照、各类许可证、特许证件等。

③品类范围。美团外卖支持的经营项目有美食、甜点饮品、母婴、宠物、超市便利、日用百货、服饰鞋帽、食品专营、美妆日化、水果食材和鲜花绿植等。

◆ 大众点评

大众点评是集本地生活信息及交易于一体平台，大众点评不仅为用户提供商户信息、消费点评及消费优惠等信息服务，同时提供团购、餐厅预订、外卖及电子会员卡等 O2O 交易服务。如图 4-8 所示为官网首页。

图 4-8 大众点评平台

下载大众点评 App，就可以按城市及地区搜索不同的美食类型、餐饮店铺，消费者能看到不同顾客的评价，还有商家推出的优惠券、优惠套餐，网上下单就能进店使用，如图 4-9 所示。商家只需填好资料就能入驻享受平台的推广。

图 4-9　大众点评服务

4.2.2　大数据营销方式有哪些

大数据营销是基于多平台的大量数据，依托大数据技术，应用于互联网广告行业的营销方式。大数据营销的核心在于让网络广告在合适的时间，通过合适的载体，以合适的方式，投给合适的人。大数据营销衍生于互联网行业，又作用于互联网行业。

要利用大数据营销，首先管理者应该清楚营销的要点是什么。餐饮营销要点有两点，一是消费人群，二是菜品受欢迎度。因此，管理人员应把握好以下几点。

◆ 圈定核心消费人群

餐饮店每天客似云来，用餐顾客形形色色，若是没有规划和定位，很难找准自己的位置去经营，只有划定核心消费人群，才能制订相应的营销计划，吸引更多同圈层的顾客。如下所示为圈定核心消费人群的步骤。

①预设消费群。餐厅在经营之初都有基本的经营方向，如主要面向家庭用餐、主要面向年轻群体、主要面向白领工薪阶层等。这是一个大概的消费群，没有性别占比、行业占比、年龄占比等具体数据。

②收集顾客信息。在经营的过程中不断录入顾客的信息，通过大量的用户信息，提取关键的用户数据，还可以借助饿了么、美团、大众点评、餐厅会员系统等平台收集用户数据。

知识扩展 餐饮会员系统

餐饮会员系统是一款餐饮辅助系统，能帮助管理人员了解会员的详细信息、消费习惯及喜好，用以对其进行差异化营销。挖掘长期未就餐消费的"沉睡顾客"，整合现有顾客资源，留住回头客。常见的会员系统有客如云、微盟等。

◆ 分析用户群画像

用户画像是在大数据时代提出的概念，将用户的每个具体信息抽象成标签，利用这些标签将用户形象具体化，从而为用户提供有针对性的服务。餐饮店有了数据信息，便要对数据信息进行分析，最后形成用户群画像。如下例所示为某餐饮店的用户画像。

实操范例 餐饮店的用户画像

某快餐店主打酸菜鱼，吸引了不少食客前来享用，其中以年轻人居多，年龄画像为：

13~18 岁，占比 10.3%。

19~36 岁，占比 66.8%。

37~60 岁，占比 22.9%。

其余忽略不计。

而其中女性占比 66.2%，男性占比 33.8%，女性比男性更能接受酸菜鱼的味道。

用餐人群的职业画像如下：

学生占比 25.4%；上班族占比 60.7%；其余人群占比 13.9%。

可以看出顾客构成以上班族白领人群为主，附近学生为辅。且除了酸菜鱼外，顾客还喜欢搭配店内烤制小食一起食用。

通过以上的用户画像，我们可以得到这样一个标签化形象，即女性、学生、白领。

得到餐厅的用户画像后，要如何分析呢？一般通过三个方面来了解顾客，即消费习惯、消费心理、消费能力。

①消费习惯：指消费者在长期消费中形成的较为定型化的消费行为模式。表现为偏好某种商品、偏好某品牌、偏好某行为方式。如某顾客偏好吃辣，偏好星期三来用餐，偏好菜品配汤。

②消费心理：指消费者在寻找、选择、购买、使用、评估和处置与自身相关的产品和服务时所产生的心理活动。如有的消费者追求实惠，有的消费者追求仪式感。

③消费能力：指消费者一餐的购买能力，如某消费者每次用餐消费金额都在 50 元左右，而餐厅人均消费在 100 元左右，说明其消费能力欠佳。

下面来看某汉堡店的用户分析及基于此所做的营销策略。

实操范例 汉堡店的营销策略

某汉堡店通过用户画像发现，在周六和周日的早上咖啡卖得比较多，而经常光顾的老顾客对新推出的产品接受度不高，总是点老几样。于是针对这两种显著的销售情况，该店在周六和周日的早上会特别发放 50 张免费兑换咖啡的优惠券，这样吸引了大量周末工作的上班族前来购买早餐。

然后对经常光顾的消费者限定提供新品套餐打折优惠券，这样新品的接受度更高，消费者也能走出尝试的第一步，从长远来看，能更大限度地留住客户。

◆ 每道菜品的受欢迎度如何

通过大数据我们可以轻而易举地知道哪道菜品更受欢迎，从好评率、上桌率、纯利润高低这 3 个方面综合评定，利用这些菜品策划促销活动，提高其他菜品的上桌率。

而对于上桌率低、无人问津或口味不符合大众的菜品应及时更换，甚至可以仔细研究爆款商品的口味，复制一些大同小异的菜品，形成系列。只有不断地推陈出新才能保持餐厅的活力，才能不被逐渐变化的市场淘汰。

◆ 把握市场规律

利用大数据我们很容易从中获得一些经营规律，如淡季旺季、食材消耗情况、最佳经营时段，从而提前做好经营安排，将利润最大化。

4.2.3　微博营销技巧

微博作为现代互联网社交圈一大阵地，有很大的流量，好好利用这个平台能给餐厅带来一定的知名度，管理人员可掌握一些微博营销技巧，循序渐进地开展微博营销。

为了让消费者了解店铺，可以利用微博发布一些餐饮资讯，如以下这几类用于宣传的信息。

◆ 新品发布

由于微博本来就是分享生活的平台，分享美食一直都是微博主流，拍摄店内的美食吸引消费者是最自然的营销方式，不会让人觉得反感和抵触，如图 4-10 所示。

图 4-10 麦当劳微博新品发布

发布美食图片一定要展现食物的好吃和卫生，这样才会有吸引力，让人垂涎欲滴，不可随随便便拍摄上传，要知道一张不好看的图带来的影响是灾难性的，可以毁了任何好的创意。

而除了精美的图片外，微博文案也需要费一点心思，如上图中对新品名字、转发优惠进行了介绍。其实，还可以介绍上市日期、试吃地点、菜品价格以及新品优惠价等。凡是能够吸引消费者的信息，都可以发布在微博上。

◆ 分享美食菜谱

为了增加与消费者的互动，有时餐厅也可以上传一些特色菜的菜谱，一来可以了解餐厅菜品的制作过程，二来可以让消费者与菜品之间的关联更紧密。不过在贡献菜谱的时候不能将餐厅的机密暴露，尤其是秘制调味料，这样反而得不偿失。

◆ 分享新店信息

对于餐饮连锁企业来说，若是有新店加盟或开张，当然要向大众宣告分享了，可以帮新店提高人气，并再次宣传餐饮品牌。微博文案的内容最好包括门店地址、开店时间、开店优惠和主打产品等，再附上餐厅门店的装潢图，让大众对新开门店有一个立体的认识。

◆ 分享餐厅近期活动

餐饮店为了维持并提高客流量，一般会定期策划促销活动，如果提前在微博上发布，活动的受众更大，效果更好，如图 4-11 所示。

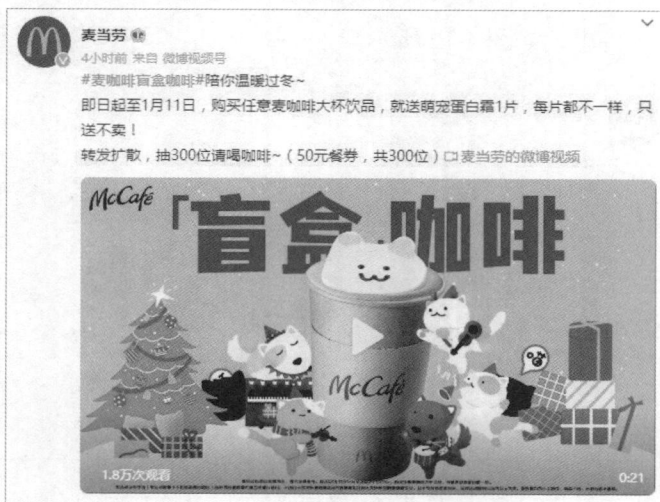

图 4-11　麦当劳活动宣传

餐饮管理人员或许可以从上图得到一点启发，即促销活动若是有一个主题更利于传播，这里活动主题为"盲盒咖啡"，可以说有足够的吸引力让消费者了解具体的活动内容。餐饮店在推出自己的促销活动时，也可以用"主题 + 内容"的形式进行推广，并善用微博"#"符号。

> **知识扩展** 什么是微博"#"
>
> 在发布微博的编辑框中用两个"#"符号框起来的文字，即为微博话题，可以作为微博的标签和索引，方便将该条微博与其他提到该关键字的内容相互关联起来，形成一个圈子，带来流量。
>
> 格式为：#×××#，如＃超级月亮＃

除了单方面发布信息外，还可以增加与消费者互动的机会，可选择的互动方式有很多，下面一起来认识一下吧。

① "@"餐厅账户有优惠。为了加深与消费者的互动，餐厅可以鼓励前来用餐的顾客发布用餐信息，并"@"餐厅微博账户，转发微博的可以获得一份用餐优惠，如图 4-12 所示。

图 4-12　麦当劳互动

为了让更多的用餐客户知道餐厅的微博账号，可以在餐厅收银台、菜单、桌面贴上图贴，并鼓励消费者关注。

②发起讨论。可以以不同的角度和内容向消费者提问，发起讨论，不仅可以从评论中看到消费者的心声，还能拉近与消费者的距离，如图 4-13 所示。

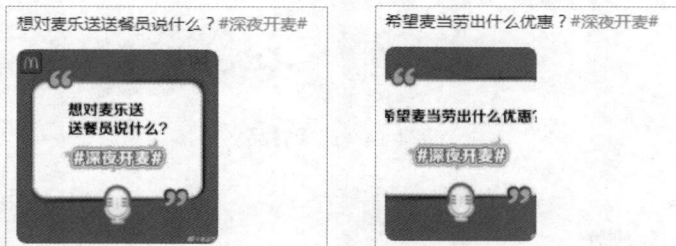

图 4-13　深夜开麦

要引起大众的讨论和共鸣，一定要是大众最关注的话题，一般来讲，可从以下方面来提问：

1. 情感问题。从对人的关怀出发，用最朴素的情感打动消费者，与其产生联系。如"想对麦乐送送餐员说什么？""此时此刻想和谁分享第二个半价？""上一次吃麦当劳的场景是？""最想和谁一起去麦当劳？"。

2. 优惠福利。对消费者最关心的福利和优惠进行提问，自然能得到积极回应，也能给业务经营划定方向。如"希望麦当劳出什么优惠？"。

3. 餐品味道。餐品是餐厅经营的核心，收集消费者对餐品味道的一些建议，可以帮助餐厅改良。如"薯条蘸什么最好吃？""吃过最多的麦当劳产品是？""最近对哪款新品狠狠心动？"。

4. 餐厅相关。通过发起餐厅相关话题，让消费者对餐厅的了解更多，如"最喜欢麦麦出过的哪款玩具？""说说你最喜欢的一家麦当劳餐厅。""你喜欢怎么称呼麦麦？"。

③做选择题。给消费者出选择题，让消费者进行选择，可以自然而然达到互动效果，如图 4-14 所示。

图 4-14　选择餐品

4.2.4　微信营销

微信营销是网络经济时代企业或个人营销模式的一种，商家通过提供用户需要的信息，推广自己，从而实现点对点的营销。餐饮管理人员若是利用微信营销，可从以下方面入手。

◆　推送微信营运内容

想要利用微信平台进行促销，餐厅必须开通自己的微信公众号，打开微信网址就能按步骤完成注册。拥有自己的企业公众号后，要做好基本的设置。

1. 设置公众号名称，有品牌以品牌命名，没有品牌以店名命名，命名注意精简，选取核心文字，方便消费者搜索和记忆。

2. 公众号头像设置选择品牌形象或logo图形展示,总之要形成记忆点,图片要高清不能模糊，否则会影响消费者对餐厅的第一印象。

3. 设置关注公众号自动回复。

基础设置完后，就可以在公众号内发布各种营销内容及文章了，凡是关注餐厅公众号的消费者都会收到平台的推送。如图 4-15 所示。

图 4-15 肯德基公众号发布推送文章

从图 4-15 中可以看到该餐饮企业公众号发布的内容都是各种优惠券，文章内容也尽量用图片来展现，更利于消费者阅读和找到重点。

◆ 微信连 WLAN 扫码上网

通过微信公众号可将店内的 WLAN 生成二维码，提供给顾客让其扫码上网，而顾客只要连上 WLAN 就能接收到微信公众号推送的广告，包括店铺最近活动、特色套餐和优惠券等。

◆ 扫一扫加会员

为了吸引进店的客户添加餐厅的微信公众号，可以向顾客提出扫二维码加会员的选择，通过成为餐厅的会员，顾客能得到一定的优惠，餐厅也能为微信公众号引流，向顾客传递更多的信息。

> **知识扩展** 推出团购
>
> 　　团购，即为团体购物，指认识或不认识的消费者联合起来，加大与商家的谈判能力，以求得最优价格的一种购物方式。根据薄利多销的原理，商家可以给出低于零售价格的团购折扣和单独购买得不到的优质服务。
>
> 　　团购作为一种电子商务模式，通过消费者自行组团、专业团购网站、商家组织团购等形式，提升用户与商家的议价能力，并极大程度地获得商品让利。对于餐饮企业来说，可以入驻美团等团购网站，推出与店铺有关的团购活动。

4.3　策划餐饮促销活动

　　餐饮促销活动涉及面广，需要各方协调的工作项目多，所以需要管理人员以及各部门人员做好前期准备，同时也要做好事后总结，通过书面的形式梳理活动的成功以及不足之处，这样才算完成了一次促销活动。

4.3.1　选择促销方式

　　餐厅策划促销活动，当然要选择合适的促销方式，通过促销方式达到最终的促销目标，下面来认识一下常见的促销方式。

◆ 打折

　　直接在原价的基础上给予折扣，如在 ×× 期间，本店所有菜品一律9折。这种折扣方式直接，利于消费者理解，也能展示商家的诚意。

◆ 附送赠品

　　通过赠送用餐顾客一些小礼品，感谢顾客的光临，如送一些餐具、调味品、帆布包，也能有效提升了餐厅的口碑。不过这种优惠不是很明显，提前宣传也能吸引一些客人，最好与其他促销方式搭配使用。

◆ 现金返还

一般是在一定的消费基础上，给予顾客现金返还，如消费满400返50，满200返20，顾客为了获得返利优惠，往往有意无意地去达到消费数额。

◆ 发放优惠券

顾客凭借优惠券可以获得一定的优惠，不过，餐厅要完善优惠券的信息，包括有效期限、发放数量、优惠程度和附加条件等。通过优惠券的发放可以提前带动活动气氛，为餐厅促销造势。

◆ 积分优惠

积分优惠属于日常优惠，需要日积月累才能看见实际价值，一般是在店内用餐可以获得积分，积分达到一定分值便可兑换礼物或得到用餐优惠，如积分满500获得一套精美餐具。

◆ 抽奖促销

餐厅举办促销活动时，为了活跃气氛，可通过消费小票给予顾客抽奖机会，现场或集中开奖，顾客不仅能享受奖励，还能获得游戏般的娱乐时光，给顾客留下比较深刻的印象，容易留住回头客。

4.3.2 促销活动总结

促销活动总结作为书面材料，能够对餐厅之后的促销活动做出指导，一般包括前言、促销活动实际情况、不足之处等几大方面，对餐厅的促销活动进行全面回顾。下面看一个 ×× 餐厅的促销活动总结。

实用范本 促销活动总结

此次借助节假日的东风，餐厅内的人流量变多，家庭用餐暴增，前期的宣传活动也带来了一定比例的顾客，我们店短短3天的销售额比上个月猛增了30%。当然，这其中一方面有节庆的关系，另外一方面我们促销预备工作做得好、做得早。

活动时间安排牢牢扣住假期情况，出现了连续 3 日平均营业额大幅度上涨，这类情势延续了好几天。

本次活动前期宣传用度，宣传单打印及分发费用 ×× 元，展板和展架 ×× 元，宣传费占比 1%。

从礼品发放情况来看，单笔消费额有所提升，但消费额集中。礼品发放数目比实际估计数目减少 30%。

在促销活动内与影院的合作还算成功，这类新型营销模式给消费者带来一些新意，特别是以消费小票领取电影优惠券，不但给我们的活动进行了宣传，同时也让消费者感到了实惠。结合以上情况，我们此次活动还有以下一些不足之处。

一、媒体选择

本次活动在媒体平台选择上存在不足，最开始广告宣传打出，销售额不增，反而比上个周六降了 17.6%。在节假日前夕营业额应呈增长趋势，特别是在促销活动的带动下，营业额增长应较明显。这样的结果，从数据上看，我们在媒体选择上存在宣传范围狭隘和目标群体偏离的问题。

我们主打的是家庭团圆，目标定位在年轻人聚餐和家庭用餐上，在媒体选择上应当考虑目标群体共性，而不是顾此失彼，仅围绕大学城宣传，错失了前期促销经营优势。

二、缺少计划性

促销活动是在时间的迫使下组织实施的，固然具有一定的市场基础，但在实际的活动效果上存在较大偏差，如本次活动在礼品制定上是参考了上次活动的记录，然而却剩下了大量的竹筷，影响到了活动力度，还影响到了店铺口碑。

三、活动执行力差

一项活动，即使再好的策略，没有人好好实施，还是在做无用功。员工对活动的促销知识了解不够，缺少服务热情，导致执行起来非常混乱。

工作梳理与指导

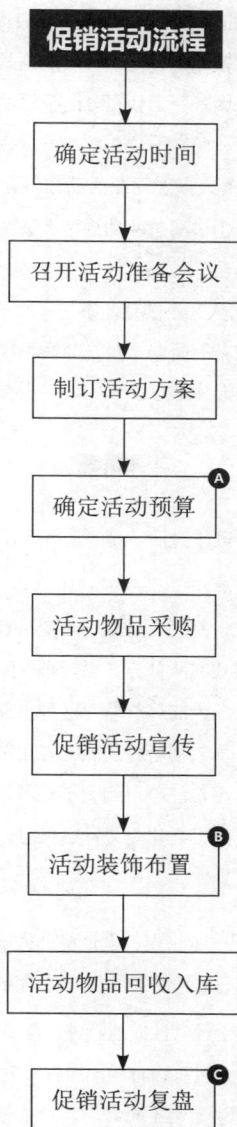

促销活动流程

↓

确定活动时间

↓

召开活动准备会议

↓

制订活动方案

↓

确定活动预算 Ⓐ

↓

活动物品采购

↓

促销活动宣传

↓

活动装饰布置 Ⓑ

↓

活动物品回收入库

↓

促销活动复盘 Ⓒ

流程梳理

按图索骥

Ⓐ 促销预算是指企业在计划期内策划有关促销活动的预算。促销支出是一种费用，也是一种投资，促销费用过低会影响促销效果；促销费用过高又可能会影响企业的正常利润。所以企业在做促销预算时要考虑几个因素：销售百分比、活动规模、活动所用物品、活动持续时间。

Ⓑ 在开展促销活动前一天负责人需要召开活动预备会，与大堂领班、服务员沟通相关事宜及注意事项，要做好4件事：①讲清楚活动规则；②做好分工；③理清促销活动流程；④重点点出负责人。

Ⓒ 促销活动结束后，餐饮经营人还不能让此事告一段落，还需要对活动复盘，进行全面总结，要分析如下几点：①活动准备有哪些不足；②活动中有没有配合不到位的情况；③这次活动最后是否达到了效果，并分析其原因。

答疑解惑

问： 餐厅行业也分淡季旺季，旺季过后，到了淡季餐厅该如何营销呢？

答： 其实除了做广告这样的营销方式，一些简单的小妙招也能帮助餐厅吸引客人。比如：①开发季节性新菜式，从烹饪方式、烹饪食材做出改变，有的餐厅冬天会推出火锅，有的餐厅秋天会推出全鱼宴，对原来的菜式有所补充，更新顾客的口味。②推出季节性特色食品，如夏天的冰激凌、秋天的雪梨膏、冬天的烤红薯，这种主食之外的甜点零食能够给顾客带来惊喜，顾客在用餐之余能够感受餐厅的用心，还能为餐厅带来新的宣传点。③新推出一些低价菜式，有新口味，价格又不贵，相信能够得到大部分顾客的青睐。④当季瓜果重点推荐，对喜欢吃新鲜瓜果的人是很大的诱惑，无论是果汁、果盘，还是炒时蔬，不需要特别研发和创新就能推出，且效果不输其他菜品。

问： 很多时候餐饮经营者会犯一个错误，就是将低劣廉价的营销方式看作经典营销，而在实际使用中我们应该尽量避免，有哪些华而不实的营销方式呢？

答： ①过分煽情，餐饮企业由于经营性质的特殊，容易从各种情感中找到消费者的共鸣，利用亲情、友情、爱情打动消费者，但有的时候不注意尺度，反而引起反感，比如消费死亡、夸大情感影响。②方向错误，做营销若是不将餐厅特色或招聘产品展示出来，营销的效果就大打折扣了，所以经营者要避免营销植入太过隐晦的问题，注意企业信息的展示。③为了宣

答疑解惑

传优惠力度加大，结果餐厅的利润一缩再缩，造成损失无法填补，甚至还出现餐厅优惠过大倒闭的新闻，管理人员一定要引以为戒，不能本末倒置。④夸张宣传，我国法律有规定，打广告不能过分夸大，要避免"最""第一"这种字眼，不能虚假宣传。⑤低俗话题炒作，为了在互联网上营销得更好，有些经营管理者会选择炒作话题，甚至为了博眼球，传播消极价值观，这种营销方式很快就会被大众抵制。

实用模板

餐厅客户经理工作职责	餐厅营销部工作职责	餐厅营销激励方案
餐厅宣传活动组织制度	餐厅营销部考勤管理制度	餐厅营销奖惩制度

第 5 章

加强各项厨房事务管理

厨房事务涉及的都是较为专业的工作，包括菜品切配、打荷、烹饪、装盘等各种加工环节，餐厅管理者需要在保证质量与卫生的前提下对厨房工作人员做出要求，并培养菜品创新意识，让餐厅能有源源不断的顾客。

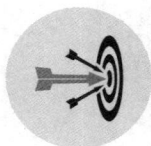

5.1　厨房员工安全第一

从事餐饮的管理人员都清楚，厨房是餐厅的重中之重，餐厅不仅要保证食材的卫生，还要保证厨房各项操作的安全，一旦某个环节出了问题，就一定不是小事，尤其是使用天然气、用火、用刀等，保障安全是管理餐厅的头等大事。

5.1.1　规定厨房人员责任

厨房安全要引起厨房工作人员的重视，餐厅要严格规定相关人员的职责，做好安全培训，包括厨师长、厨师、帮厨等。如下所示为某餐厅设计的厨房相关人员基本职责，可供参考。

实用范本 厨房相关人员基本职责

一、厨师长职责

1. 厨师长是厨房区域安全第一责任人，全面负责本区域的安全卫生管理工作。

2. 负责在本区域内贯彻执行国家、××市消防安全法律、法规。

3. 组织实施日常消防安全检查工作，出现重大消防安全隐患及时报告安全管理部，并配合组织隐患整改。

4. 发生火灾事故时，及时向安全管理部汇报，配合事故调查。

5. 指导后厨其他人员的日常工作，搞好人员间的协调，执行工作纪律和行为准则，及时解决工作中出现的问题。

6. 负责厨房卫生工作，抓好环境卫生、食品卫生和个人卫生，检查食品、餐具、用具，杜绝发生食品中毒事件。

7. 检查监督厨房各种设备的安全使用和保养。

8. 定期巡查烟道等易燃区域。

二、厨师职责

1. 严格遵守公司的厨房安全管理制度，积极参加各项消防安全活动。

2. 认真学习消防安全知识，会使用消防器材，熟知本岗位的火灾危险性和消防知识。

3. 做到安全操作，及时发现和消除火险隐患，制止其他员工违章行为。

4. 发生火灾时，应迅速报警，积极参加扑救。

5. 按时上下班，服从上级的安排。

6. 严格掌握标准，检查加工质量，以保证生产需要。

7. 发现食品质量不符合要求、上道工序的操作不符合规范或使用设备发生异常，应及时上报并解决。

8. 下班前检查工作区域是否关灯、关门、关窗，电源是否切断，确保安全，请示领导方可下班。

5.1.2　厨房安全管理

厨房安全管理既要从大的方面着眼，也要从小的方面入手，有重点有细节，看重消防安全、卫生、设备使用，对于细微处也不放过。下面来看一个 ×× 餐厅的后厨安全管理制度，可以帮助管理人员理清各项安全管理工作。

实用范本 后厨安全管理制度

一、总则

1. 为加强餐厅厨房区域的安全管理工作，预防各项事故的发生，减少损失，结合实际情况，特制定厨房安全管理制度。

2. 本制度适用于厨房的消防安全管理、卫生管理等管理工作。

二、消防管理

1. 按照消防部门检查要求配置灭火器、灭火毯等消防器材。

2. 厨房必须保持清洁，染有油污的抹布、纸屑等杂物应及时清理，炉灶、排烟管道油垢定期清洗，以免火屑飞散引起火灾。

3. 定期对线路进行检查，外部绝缘体破裂或插座头损坏应及时报工程部维修；发现电线走火时，迅速切断电源，切勿用水扑灭，以防导电。

4. 食堂灶台人员把油下锅后，严禁擅离灶台，防止热油燃烧引起火灾。如意外燃烧失火，应迅速用灭火毯盖于锅上，并用灭火器灭火，严禁直接用水灭火，防止伤人。

5. 每天下班后要检查炉灶是否关火，水、电、煤气是否关闭，门窗是否关好。

6. 在整改期限内，食堂责任人必须严格执行整改内容，不得有意阻碍或拖延。

7. 食堂工作人员须熟悉掌握消防器材的使用方法，并知道灭火器所在位置，定期进行消防知识培训，定期检查灭火器是否有效，并及时更新。

8. 严禁工作人员在厨房吸烟，一旦发生火情，应组织就近人员灭火。

9. 使用煤气灶前必须先检查气门开关，然后再开气点火以确保安全，使用炉灶时必须做到不离人。

10. 不准私拉乱接电源，照明灯具不得靠近可燃物，厨房等潮湿地方应采用防潮灯具。

三、卫生安全管理

1. 上岗不准吸烟、赤脚，不准穿拖鞋、背心，不准穿工作服去卫生间，食堂内不准随地吐痰。

2. 仓库内严禁存入易燃、易爆、有毒物品，禁止存入其他杂物和私人物品。

3. 严禁身份不明人员进入厨房，以免发生意外事故。

四、设备操作安全

1. 使用厨房设备时要检查是否运作正常，厨房设备要有专人操作，严格按设备操作流程进行，严禁多人同时操作；设备只能全停止后，才能进行下一步工作。

2.清洁设备时应断掉电源，设备有安全罩的应保持在正确位置。

3.厨房的利器工具每位员工必须小心使用和保管，做到定点存放、专人负责，使用后放回原处；刀具要保持清洁锐利；带刀行走时，刀尖必须向下，用布擦拭时，刀口必须向外。

4.使用厨具时，特别是玻璃餐具，每位员工都必须小心使用，注意不要碰撞，或其他原因损坏。

5.正确使用电器，严禁违规操作，出现零件松动或设备故障应及时报修，未修好前做明显标记提醒他人。

6.严禁单人搬动重物，地面不得随意堆放杂物。

7.过热液体严禁存放于高处；严禁在油温升高时溅入水分；严禁长时间在冷冻物品间，以免知觉下降发生意外。

5.1.3 预防各种事故伤害

厨房内的危险因素较多，为了降低安全事故发生的概率，管理人员应该针对各种频发事故做出预防措施。有哪些值得我们注意的事故预防呢？下面我们逐一介绍。

◆ 割伤

造成割伤主要是因为刀具或电动设备使用不当，应该如何避免呢？最好要做到以下几点。

①使用刀具的方法要正确，且不能心不在焉。

②定期维护保养刀具，保持其锋利，以便厨房工作人员使用，钝刀使用不便更易伤手。

③使用刀具时不得对着人，不得随意乱放，不得用刀指东画西，手拿刀具时禁止与人打闹。

④切忌将刀放在工作台或砧板边缘，以免不慎滑落砸到脚；一旦发现刀具掉落，不可用手去接拿。

⑤清洗刀具时，要一件件进行，切不可将刀具浸没在放满水的洗涤池中。

⑥对于不清楚的机械设备，不要随意开启使用。

⑦对于具有一定危险性的设备，如绞肉机或搅拌机，必须清楚使用规则，使用前要仔细检查电路接触是否完好。

⑧清洗设备要先切断电源，清洗到刀片部位时要格外谨慎，擦拭时要将抹布折叠到一定的厚度，由里向外擦。

⑨厨房内如有破碎的玻璃器具和陶瓷器皿，要及时用扫帚处理掉，不要用手去拣。

⑩发现工作区域有暴露的铁皮角、金属丝头、铁钉之类的东西，要及时敲掉或取下，以免划伤人。

◆ 跌伤和砸伤

厨房地面容易潮湿、沾上油污，且过道也不够宽敞，各个台面上堆放着不同的物品、材料，所以容易造成人员跌伤和被砸伤。要怎么预防呢？

①随时保持工作区域及周围地面的清洁、干燥。

②餐厅要保证厨房工作人员的鞋子有防滑性能，不得穿薄底鞋、已磨损的鞋、高跟鞋、拖鞋、凉鞋，鞋带要系紧。

③保证过道和工作区域的整洁，没有障碍物，随用随关橱柜抽屉和柜门。

④好好安置重物，最好不要放在高处。

⑤厨房内员工来回行走路线要明确，尽量避免交叉相撞。

⑥存取高处物品时，应当使用专门的梯子，不能用纸箱或椅子来代替。

◆ 扭伤

厨房工作人员会经常搬运重物，若是不小心或搬运方式不对，很容易给自己带来伤害，具体预防措施有以下一些方面。

①不要勉强自己搬运难以承受的重物，善于利用搬运工具，懂得找人帮忙。

②注意搬运的方法，要用腿力来支撑，而不能用背部力量。

③举重物时，要缓缓举起，不要骤然猛举。

④搬运物品时当心手被挤伤或压伤。

◆ 烧伤和烫伤

烧伤和烫伤在厨房还是很常见的，因为员工总是要接触高温食物、设备，稍不注意就可能给自己带来伤害，因此员工要注意使用防护品，如隔热手套，还要注意其他预防措施。

①不要离高温设备太近，以免因空间拥挤、不及避让而烫伤。

②在拿取温度较高的烤盘、铁锅或其他工具时，最好使用隔热手套或垫一层厚抹布。

③静待高温烤盘、铁锅等冷却，再进行放置。

④在蒸笼内拿取食物时，首先应关闭气阀，打开笼盖，让蒸汽散发后再使用抹布拿取，以防热蒸汽灼伤。

⑤在炉灶上操作时，应注意用具的摆放，炒锅、手勺、漏勺、铁筷等用具如果摆放过近，极易被炉灶上的火焰烤烫，拿取时容易造成烫伤。

⑥烹制菜肴时，要正确掌握油温和操作程序，防止油温过高、原料投入过多、油溢出锅沿流入炉膛使火焰加大，造成烧烫伤事故。

⑦在端离热油锅或热大锅菜时，要大声提醒其他员工注意避让，切勿碰撞。

⑧在清洗高温设备时，要先冷却再清洗。

⑨禁止在炉灶及热源区域打闹。

◆ 电击伤

电击伤一般是不规范的设备操作而造成的，要提醒员工遵守设备的安全操作规程，并做好以下预防措施。

①使用机电设备前，首先要了解其安全操作规程，并按规程操作，如

不懂得设备操作规程，不得违章野蛮操作。

②设备使用过程中如发现有冒烟、焦味、电火花等异常现象时，应立即停止使用，申报维修，不得强行继续使用。

③厨房员工不得随意拆卸、更换设备内的零部件和线路。

④清洁设备前首先要切断电源；当手上沾有油污或水时，尽量不要去触摸电源插头、开关等部件，以防电击伤。

5.2　一步一步生产菜品

制作菜品是餐厅的日常操作，也是一道复杂的工序，涉及的步骤和人员很多，不过只要把握住每个环节，就能保证上菜的顺利，餐厅管理人员要做的就是确定菜品生产流程，确保每个环节的工作顺利、正常进行。

5.2.1　菜品生产的基本流程

一道菜品从原材料到上桌要经历几个环节呢？下面通过一张图示来展现基本流程，如图 5-1 所示。

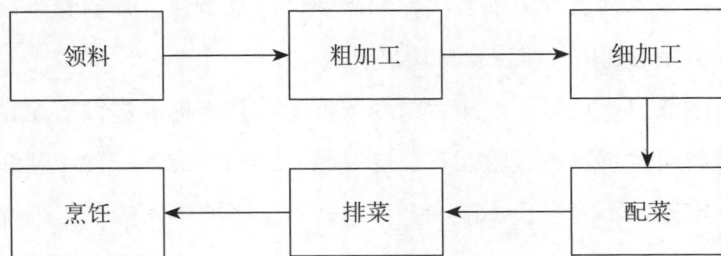

图 5-1　菜品生产的基本流程

◆ 步骤一：领料

领料即厨房向仓库领取烹饪所需原材料，领料过程要注意数量合理、领用手续合规。一般需持领料单，获得领导审批，然后凭单领料。

仓库发货员要注意核对单据，凭单发放；负责领料的人员同样要核对数量、材料品类，双方确保无误后再领回厨房。

◆ 步骤二：粗加工

食材领回厨房后，就需要进行下一道工序，即粗加工，包括宰、切块、涨发等加工工作，需要一定的技术含量，只有这道工序做好了，后面才能快速处理、烹饪，同时可节约很多时间。

因此，厨房需制定各种原料粗加工的要求和标准，并要求加工人员掌握相关技术，才能胜任该岗位。

◆ 步骤三：细加工

细加工就是比粗加工更为精细的食材处理工作，如清洗、腌制、中高档原料分类、切形（把原料切成一定形状），这对厨师的刀工要求较高，且该工序完成得好与否，对烹饪的口味有很大的影响。

◆ 步骤四：配菜

配菜的技术含量没有那么高，但需要保证准确性，并要着重检查食材的粗细加工是否到位，确保食材质量、卫生。

配料的数量、重量不能随意，要依据配菜基本标准进行搭配，主料要过秤，辅料可凭感觉或经验配齐。这关系到菜品的成本、餐厅利润，所以要按照标准来，不能多也不能少。不过，对于经验丰富的员工来说不是一件难事。

◆ 步骤五：排菜

配菜完毕后，需要按先后次序将每道菜的原料送到主厨灶台烹饪，排菜人员要对主厨非常了解，并根据菜肴的烹饪要求将食材送到厨师面前。排菜原则是发挥每位厨师所长，有序传送食材。

◆ 步骤六：烹饪

厨师按照每道菜的烹饪方法对食材进行加工烹饪，做到色香味俱全，该步骤是菜品成形的关键，需要有技术、有经验的厨师来完成，餐厅选择了好的厨师，该步骤就基本不用担心了。

5.2.2 菜品切配质量标准

为了保证切菜和配菜环节的质量，每个餐厅都应该确定自己的统一标准，方便厨房人员操作，也方便厨房管理人员检查和督促。切菜和配菜是两个不同的环节，所以质量标准完全不同。下面是某餐厅菜品切配质量标准。

实用范本 餐厅菜品切配质量标准

一、原料的初步加工及要求

1.基本刀工要求。

（1）适应烹调的需要。

（2）规格整齐均匀。

原料经刀工处理后，不论是丝、丁、片、条、块、粒、颗等形状都应该做到粗细均匀，长短相等，厚薄一致，大小相称。

（3）掌握质地，因料而异，刀工处理时，必须根据原料质地的不同运用不同的刀法处理。

（4）必须清爽利落，不可互相粘连。在条与条之间、丝与丝之间、块与块之间，必须截然分开，不可藕断丝连。

（5）必须符合烹调方法及火候，在原料改刀时，首先要注意菜肴所用的烹调方法。如炒、爆烹调法都采用急火，操作迅速、时间短，须切薄或切细。对于炖、焖、煨等烹调法所用的火候都小，时间长，有较多的汤汁，原料切段或块要大些为宜，如过小，在烹调中宜碎，影响质量。

（6）注意菜肴主辅料形状。在改刀时，必须注意主辅料形状，要切得恰当调和，一般是辅料服从主料，而且辅料要小于主料，才能突出主料，衬托主料。

（7）合理利用原料防止浪费，要精打细算，加工成品要美观、整齐。

2. 运刀技法要求。

由于原料性质和烹调要求不同，可分为直切、推切、拉切、锯切、铡切、滚料切、抖切等7种刀技。

（1）直切，运刀笔直，适用于脆性的植物原料，如切青红萝卜丝、白菜丝。

（2）推切，是由内向左前方推动做功，适用于无骨薄小的原料。

（3）拉切适用于韧性较强的无骨动物性原料，将刀对准被切的原料上由左前方向右后方拉刀。

（4）锯切用于切厚大而有韧性的原料，一般都是切大片，切料时用力较小，落刀慢，推拉结合，像拉锯一样，如切白肉片、涮羊肉片、面包片。

（5）铡切专用于改切带壳原料，方法有两种，一是右手握刀柄，左手握刀背前端，先把刀尖对准物体要切的部位按住，勿使刀滑动，再用右手向下按刀柄，将被切物铡断；另一种是将刀跟按在原料要切的部位上，右手握住刀柄、左手按刀背前端，两手同时或交替往下按，铡断被切物。

（6）在改刀小而脆的圆形或椭圆形的蔬菜原料块时，必须将原料边切边滚动，故称滚料切。

（7）抖切是在切各种冻制菜肴时有节奏地抖动刀具，能使改刀后的菜肴呈波浪形状。

3. 刀劈技法要求。

（1）跟刀劈是刀刃嵌在原料要劈的部位上，刀与原料同时起落的一种刀法。它适用于一次不易劈断，需要连劈两三次才能劈断的原料，如猪肘子、猪头。

（2）直刀劈是开片刀工技术的施刀方法，右手握刀，对准要劈开的原料，用力劈断，它适用于体大、带骨的原料，如带骨的猪、牛、羊、鸡、鸭、鱼。

（3）拍刀劈是右手持刀，架在原料要劈开的部位上，然后用左手掌在刀背猛拍下去，将原料劈开的一种刀法。它适用于圆形或椭圆形、体小而滑的原料，如鸡头、鸭头、熟蛋。

二、配菜的基本原则

1. 数量配合。

（1）单一原料，即菜肴只由一种原料组成，按定量配制即可。

（2）主辅料菜肴数量的配合。配制这类菜肴时，要突出主料，主料的数量要多于辅料起主导作用，而辅料则起衬托作用。

（3）主辅料不分的菜肴。由若干种原料配合组成的菜肴，各种原料数量均等。

2. 质地配合。在配菜过程中，菜与菜之间质地的搭配，要求脆软相间，才显得不单调。

3. 口味配合。菜肴的主料与辅料在口味上的搭配有以下几种类型。

（1）鸡、鸭、鱼、肉等作为主料其味道鲜美可口，应以主料口味为主，保存并突出主料味道，配以适当的辅料。

（2）有些原料本味较淡，则应加入高汤或配以火腿、鸡肉等共同使其增味。

（3）对味浓、油腻重的主料可配些清淡的蔬菜，既解腻又提鲜。

4. 营养成分的配合。一方面要考虑菜肴中所含的营养成分的多少，另一方面要考虑到食用者能否消化吸收。

5. 形的配合。原料经过刀工处理后成为形状及大小不同的物料，只有将它们适当配合，才能使菜肴的外形美观又能适合烹调方法的要求。

6. 色的搭配。各种菜肴原料由于含有不同的色素，因而具有不同的颜色。为了使菜肴达到美观的效果，必须把不同颜色的原料适当组合和搭配。一般有顺色搭配和异色搭配两种思路。

7.盛器配合。盛器与菜肴配合的要求是，盛器必须清洁卫生；盛器的色彩最好与菜肴的颜色相搭配。

从该菜品的切配质量标准来看，菜品的切配与其对应的烹饪方法有很大的关联，决定了用刀和主辅料的搭配，一个合格的切配人员必须有烹饪的经验，才能做到对菜品熟悉，游刃有余地完成该项工作。

所以餐厅对厨师的考核与培训不能放松，一定要达到标准，才能保证出菜的质量。

5.2.3 打荷环节不要忽略

打荷是厨房的一种分工，负责将砧板切好配好的原料腌好调味、上粉上浆、用炉子烹制、协助厨师制作造型。简单地说就是厨房里面的全能选手，也是一个杂工，帮厨师打杂，什么都要了解，但并不能主导工作。

很多主厨刚入行的时候都是从打荷开始做起的，所以餐厅对该岗位的作业程序不能放松，要严格管理。打荷的工作要求，见表 5-1。

表 5-1 打荷的工作要求

条目	工作要求
1	将消毒过的刀、墩、小料盒、抹布、盛器等用具放在打荷台上的固定位置，将干净筷子、擦盘子的干净毛巾放于打荷台的专用盘子内。所有用具、工具必须符合卫生标准
2	消毒过的各种餐具放置打荷台上或储存柜内，以取用方便为准
3	按原料质量规格书中规定的质量标准，对领取的当日所需的各种调味料进行质量检验
4	配合占灶厨师添加、补充各种调料
5	需要自制的调味酱、调味油，协助占灶厨师按《标准菜谱》中规定的用料比例和调制方法进行调制

续表

条目	工作要求
6	按《料头切制规格》规定的标准和要求切制料头，并将切好的各种料头放入固定的料头盒内，料头的种类和数量应根据实际需要准备，每种料头要求大小、粗细、长短、厚薄一致
7	按要求调制各种糨糊、雕刻盘饰花卉及制作高汤等
8	开餐后，接到主配厨师传递过来的菜料，首先确认菜肴的名称、种类、烹调方法及桌号标识，看是否清楚、无误
9	确认工作结束，按《标准菜谱》的工艺要求对应进行腌制、上浆、挂糊等对原料进行预制处理
10	按主配厨师的传递顺序，将配好的或经过上浆、挂糊、腌制等处理的菜肴原料传递给占灶厨师烹调加工，如果接到催菜的信息，经核实该菜肴尚未开始烹调时，要立即协调占灶厨师优先进行烹调
11	在占灶厨师烹制菜肴的过程中，打荷厨师应根据菜肴的出品盛装要求，准备相应的餐具，并且要确保餐具的干净卫生
12	对占灶厨师装盘完毕的菜肴进行质量检查，主要检查是否有明显的异物等，检查过程要迅速、认真
13	根据审美需求及菜式格调，对装盘的菜肴进行必要的点缀装饰。盘饰美化的原则是美观大方、恰到好处，以不破坏菜肴的整体美感为宜，并要确保菜肴的卫生安全
14	将烹制、盘饰完毕的菜肴经过严格的感官卫生检查，认为合格并确信无疑后，快速传递到备餐间，交给传菜员。如果属于催要与更换的菜肴，应特别告知传菜员

5.2.4 菜品质量标准有哪些

菜品质量是餐厅的门面，无论是对管理人员还是主厨，都要依照基本的标准做出要求。当然西餐、中餐、快餐等餐厅类型的不同，对菜品质量标准要求差别很大，但一些基本的要求，各类型餐厅应该有一定共识。

①菜品色彩要诱人，带有食材本身的生动、鲜艳。

②食物的香气就是食物的灵魂，一道菜品没有香气就不能算合格。

③保证菜品呈现的"形态"是美观、大气、干净、有条理的，厨师精心设计过的食品呈现方式，一定能带给消费者美好的体验。

④器皿与食品的搭配应该吻合，符合彼此的气质，可廉价可高档，可欧式可古意。

⑤对于有声音的菜品，还要对声音有一定的要求，如铁板烧、水煮类菜品，声音是菜品味道的一部分。

⑥菜品的味道当然要符合不同的烹饪要求，让消费者享受到美味，才能留住他们的心。

⑦保证菜品不被污染，让顾客卫生入口，才能长久地获得顾客的信任。

如下所示为某中餐厅设计的菜品质量标准，可供参考。

实用范本 中餐菜品质量标准

一、掌握好生熟

1. 生吃要鲜，保证卫生、无菌。

2. 热菜要熟，做到烂、酥、软、滑、嫩、清、鲜、脆。

（1）青菜必须保证既熟亦脆，色要青绿、口感脆爽，不能炒过，八成煎即可。芡汁要薄、要少、要均匀、要包住、要有亮度，盘底不许有油和汤汁，杜绝青菜出水现象发生。

（2）肉类要烂，口味要香而不腻，口感要富有弹性。严禁使用亚硝酸钠等化学原料。严格控制松肉粉、食粉的用量。

（3）炸类菜品要酥，呈金黄色，油不能大，不能腻。个别外焦里嫩的菜要保持好原料的水分和鲜嫩度。严格控制炸油的重复使用次数。

（4）海鲜类必须新鲜，口味清淡不腥，料味不能浓，保持原汁原味，不能老、且咬不动，绝对不能牙碜。

二、掌握好咸淡

菜品口味要温性、中性，体现出复合味来，不能过咸或过淡。

1. 复合味是味和味之间相互影响，总体口味比较中和。

（1）腌制：原料提前加工腌制，生食味由外而入内，熟食味由内而溢到外，丰富原料内涵，主要适合于煎、炸、烙、烹、蒸等原料。

（2）调料：熟悉各种调料的性质，根据各个菜品的特点研究调料，使用调料的特征来提高质量，丰富口味，由于调料更新较快，要不断吸取新调料来促进菜品提高。

（3）酱汁：定好标准比例调制酱汁，能够稳定菜品口味，能形成自己的特点。

（4）汤汁：根据菜品的不同性质适用各种汤汁，提高菜肴复合味，如白汤、清汤、浓汤、奶汤、羊肉汤、鸡肉汤、鱼骨汤。

2. 要求菜品体现原汁原味，尤其是清口青菜及海鲜菜肴，口味避免过重，不能用调料、大料的味道压住本身的味道。

3. 调料有去异味、调和原料本身不易被人接受的味道的作用。不能作为主料体现出主体味。

三、汤菜

1. 汤菜盛入盛器中不能太满，以八分满或八分半满为宜。

2. 汤菜原料和汤的比例，根据菜的性质不同，比例也不同，但是原料的比例不能超过汤的比例。

3. 汤菜的口味要求。

（1）清汤菜品：以鲜为主，入口首先体现鲜味，而后要体现咸味或其他口味，必须体现原汁原味，不能过油。

（2）浓汤菜品：以香为主，入口首先体现香味，而后要有咸味或其他口味，但绝不能加油来体现，要靠汤汁熬出的鲜香味和相关佐料来体现。

（3）其他口味汤菜：以突出要求口味为主，但不能太烈，必须大多数人都能接受，加少量油来体现复合味和香味。

（4）甜汤菜品：甜度不能太大、太浓，最好不加油。

4.汤菜如果勾芡，浓稠度以原料刚好不下沉为度，不能太稠或太稀，可在允许加胡椒的汤中加少许胡椒粉来体现鲜香味。

5.质量检查过程中，品尝汤时，如果感觉口味正好，说明此汤菜口味重，如果口味稍轻，说明正好，如果无味要多品尝几次，并且仔细分析其原因。

四、注意造型美观

1.炒：体现出原料的本身颜色，以自然色和接近自然色为主。严禁使用色素及任何食品添加剂等。

2.装：盘饰点缀要精致、简单，配合好菜肴的特点，点缀原料要丰富，切记不能因点缀装盘而影响菜品质量，菜品、盘饰要协调一致，融为一体，雕刻菜品不能有孤立感。

五、菜品要注意食品卫生，杜绝异物出现

1.餐具必须消毒，热菜盘子必须要热或烫手。

2.青菜要先洗后切，洗前要浸泡30分钟。

3.原料杜绝腐烂、变质、有异物。

4.严禁原料以次充好。

5.严格执行卫生检查程序，坚持检查餐前、餐中、餐后卫生结果。

5.2.5 检查菜品加工环节

为了保证菜品最终的质量，制定各环节的工作标准还不够，还需要对各加工环节进行检查，如下所示为管理人员的一些检查措施。

◆ 试菜

每道餐品出餐前都由主厨试菜，查看是否符合出餐要求，出现问题，直接与烹饪厨师对接，指出问题，重新烹饪。

◆ 编号

为了方便检查，责任到人，可对厨师进行编号，每道菜都能锁定负责人，这样能提高厨师的责任心，保证菜品的基本水平，从而提高餐厅整体服务质量。

◆ 惩罚措施

惩罚措施是检查的基本保障，如果只是检查纠错，员工只会觉得没什么要紧，自然会对自己的工作不上心。可以以小组为单位，制定组长责任制，问责到组长，减少管理层级，更方便餐厅管理。

◆ 做好巡台

在客户用餐中，如果菜品有任何问题，巡台人员要及时处理，看重客户的感受并向厨师传递，帮助其不断改进菜品口味，而不是按部就班，没有任何质量追求。

◆ 定期研究菜品

菜品质量往往是不进则退，所以定期对菜品进行研究是必不可少的，同时要结合顾客的意见，努力寻找客人更能接受的口味。

5.3 有创新才有发展

餐厅要不断发展，吸引更多的顾客，就要保证经营的活力，这个活力来自菜品的不断创新，但创新是一件艰难的任务，不能仅仅依靠厨师的兴趣和自觉，还需要餐厅管理者的鼓励。

5.3.1 激励厨师进行菜品创新

激励餐厅厨师进行菜品创新，并不是一项急功近利的工作，需要将创新的概念融入企业文化内，再辅以激励措施和制度，让厨师有兴趣和动力主动开展菜品创新工作，餐厅管理人员可做好以下三件事。

①给予培训机会，餐厅可以定期送有资质的厨师去各种美食研讨会、厨艺交流活动中学习、交流、吸取经验，对于其做菜创新来说，能够吸取一定的养分。

②定期开展菜品研发会，在企业内部，研发会能让厨师将菜品创新当作一件正事，有所思考与准备，在会上集思广益，汇聚不同人员的想法，这样厨师更有信心实施自己的想法。

③与绩效结合，要想厨师付出多一份精力和时间，自然要有相应的绩效回报，这才是激励的原动力。餐厅应该制定完善的创新激励机制，内容包括菜品要求、激励措施、评价体系等，如下所示为某餐厅厨房菜品创新与激励办法。

实用范本 **餐厅厨房菜品创新与激励办法**

一、目的

为规范、激励厨师对菜品的创新，特制定本办法。

二、适用范围

适用于餐厅对厨师菜品的创新和激励管理。

三、管理规定

1. 创新菜品要求

（1）凡从事烹调岗位工作的厨师，必须树立起菜品开发与创新的意识，并将创新菜品的成果作为厨师晋级的依据之一。

（2）高级厨师每年必须完成4款创新菜品的任务，多者不限。

（3）中级厨师每年必须完成2款创新菜品的任务，多者不限。

（4）初级厨师不规定创新菜的具体任务，但提倡进行菜品创新。

（5）创新菜品的申报、试制、验证认定工作，严格按照有关规定执行。

（6）店内相互交流的菜品及菜品档案库已有重新上市的菜品，不属于创新菜品范畴。

2. 创新菜品组织工作

（1）创新菜品的组织、指导工作由餐厅设立的菜品研究所全面负责。

（2）厨房创新菜品的具体组织工作，则由行政总厨与厨师长负责，并按照有关规定实施执行。对不能按规定完成创新菜品任务的厨师应给予一定数量的经济处罚，厨师长应受到连带的处罚责任。

（3）厨房等级较低的厨师可以在不影响本职工作的情况下，在高等级厨师的指导下共同完成创新任务，其创新菜品的成果由协作双方协商分配，但不能重复上报。

（4）凡不能在当年完成创新菜品任务的厨师，应给予每菜 500 元的经济处罚，罚款从本人年底奖金中扣除。如果年底考核没有一个合格的创新菜，将在第二年降低一个厨师等级。

（5）厨师长创新菜的数量按相应的等级厨师创新菜数量的一半完成，如果完不成创新菜品任务，给予每菜 500 元的经济处罚。

3. 创新菜品激励措施

（1）厨师每完成一款被认定合格新菜品，一次性给予该厨师 300 ~ 500 元的奖励。

（2）行政总厨不承担创新菜任务，主要负责组织工作，如果在当年 100% 地完成了创新菜的任务，从创新菜奖励总额中提取 10% 予以奖励。如果完不成创新菜的数量，则按实际罚款总额的 10% 予以处罚。

（3）对于特别受欢迎、持续旺销的创新菜品，并为企业创造了巨大声誉和经济效益的，餐厅将根据具体的情况给予创新菜品制作人以特别奖励。

（4）对于特别受欢迎、持续旺销的创新菜品的界定，将由餐厅领导与专家组根据创新菜品的影响力及销售额的实际情况予以鉴定。

（5）创新菜品任务的完成，应均匀分布在全年进行，每月验证一次，每半年全面考核一次，并对考核结果按规定予以奖罚处理。

4. 建立创新菜品的评价体系

关于创新菜品的界定，不同的企业有不同的认识，不同的厨师也有不同的看法，这往往为创新菜品的评定带来一定的难度。因此，为了公平、公正、公开地对创新菜品进行检验鉴定，就必须首先建立一个较为科学、合理的创新菜品评价体系或相关文件，以确定评价创新菜品的统一标准。

5.3.2 按规定申报创新菜品

为了保证菜品质量，餐厅需要严格把关，所以并不是每道创新菜品都会被餐厅采用，需要经过一段烦琐的认定过程，包括申报、筛选、试制、认定等，如图 5-2 所示为新菜品申报试制流程。

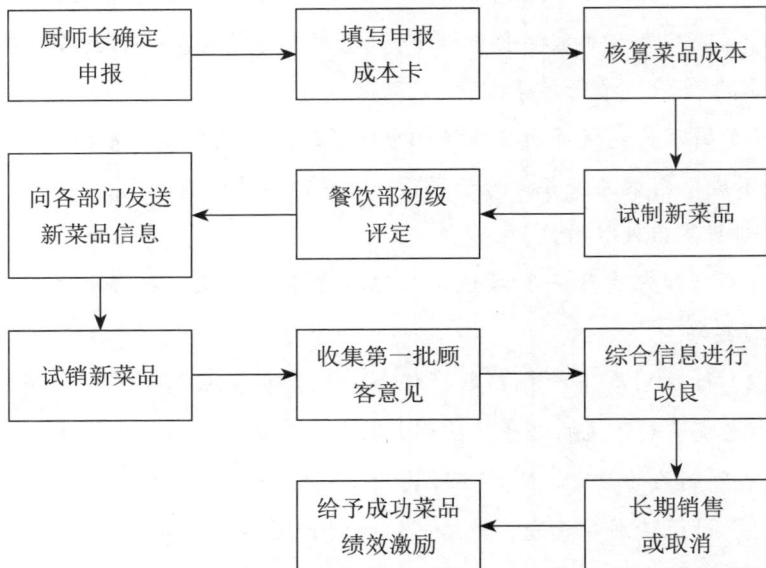

图 5-2　菜品申报试制流程

厨房在申报之初，可以通过统一的申报表格，向总经理或负责人申报，下面具体来看新菜品申报表模板，见表 5-2。

实用范本 新菜品申报表

表 5-2　新菜品申报表

菜品名称		申报厨师	
菜品规格		申报售价	
原料及分量			
调味料及分量			
制作过程			
风味特点			
申报理由		签字：　　年　月　日	
厨师长意见		签字：　　年　月　日	
经理意见		签字：　　年　月　日	
成本核算及意见		签字：　　年　月　日	
审批结果	是否批准推出	（企业盖章）| 规　格	
	售　价		其他说明	

5.3.3 创新菜品评定标准

创新菜品申报后如何评定是一件复杂的工作,不能全凭管理者的喜好,而应确定一定的评定标准,对菜品的各个基本特征进行考量,然后采用合适的评分方法,如百分制、星级制,最终敲定新菜品是否过关。

如下所示为几项常见的评分内容。

◆ **菜名**

菜名是顾客对菜品的第一印象,因为顾客首先看到的是菜单,而不是品相,所以管理人员要考察菜名是否相符、雅致、有创意,过于低级的要淘汰。此项内容可占评定总分的 5%。

◆ **色泽**

色泽是菜品基础特征之一,是对菜品颜色、光泽进行概括的一个指标,对食物的品相有很大的影响。如果菜品色泽不佳,对顾客的吸引力就大打折扣。管理者应该从食物的颜色搭配、诱人程度等进行评定,该项内容可占总分的 10%。

◆ **香味**

香味影响嗅觉感官,虽然我们并不要求很多食物必须具有统一的香味,但若不是特色菜,菜品的气味应该以诱人为主,而不是让人觉得奇怪,否则对大多数顾客来说并不具有长期吸引力。该项内容可占总分的 15%。

◆ **味道**

味道有很多种,比如麻辣、香辣、酸甜、鲜香、微苦等,不同的滋味能吸引不同的顾客,地区不同、餐厅类型不同,对味道的要求也不同。如果追求大众化,就要在特色滋味上尽量找到平衡点,以吸引更多的人或不同年龄段的人;如果追求特色和风味,那么就最好将一种味道做到极致。该项内容可占总分的 30%。

◆ **装盘**

装盘是对菜品的总体呈现和最终呈现，考验厨师的刀工、艺术感和创造力，该项内容可占总分的10%。

◆ **分量**

分量简单来说就是一道菜品所用食材多与少，还包括食材搭配比例情况，与成本有很大关系，如果成本消耗大，就难以推出销售，该项内容占总分的5%。

◆ **食材**

菜品所用食材是否容易采购，是否能摆上餐桌，是否容易储存等都在考量的范围内，该项内容可占总分的10%。

◆ **营养**

菜的营养也是餐厅宣传的一个点，可以向老年顾客推荐，如高蛋白质、少脂肪、多维生素等，所以要评定菜品的营养构成比例如何，该项内容可占总分的10%。

◆ **创意**

通俗点讲，创意就是指菜品是否具有特色，或是与其他菜品相比与众不同的点，越是突出越容易营销。该项内容可占总分的5%。

工作梳理与指导

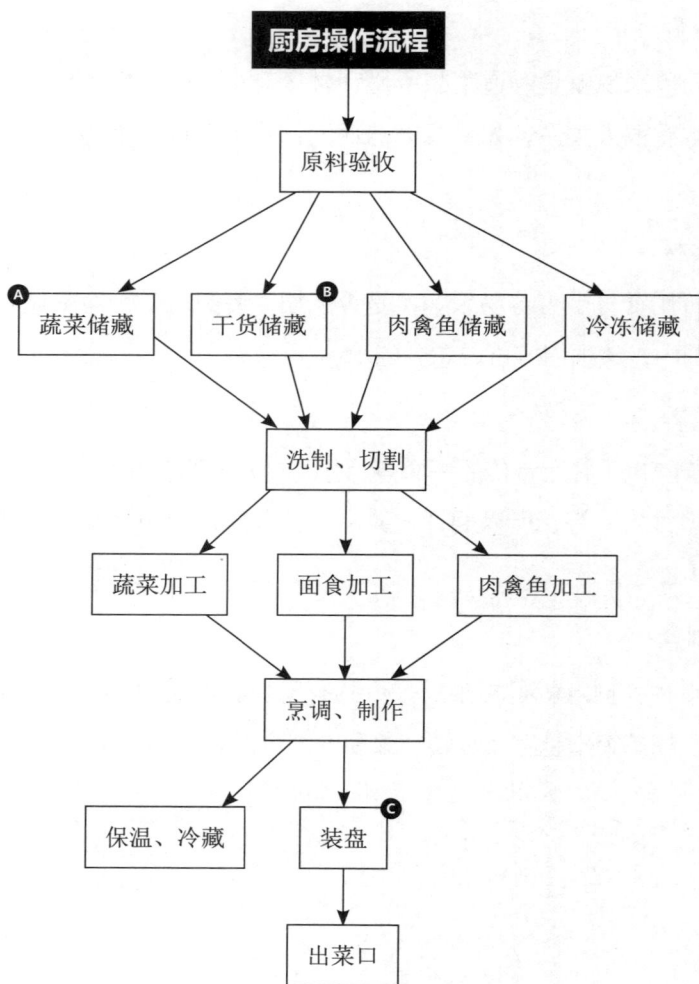

厨房操作流程

原料验收

Ⓐ 蔬菜储藏　　Ⓑ 干货储藏　　肉禽鱼储藏　　冷冻储藏

洗制、切割

蔬菜加工　　面食加工　　肉禽鱼加工

烹调、制作

保温、冷藏　　装盘 Ⓒ

出菜口

流程梳理

按图索骥

Ⓐ 餐厅厨房储存蔬菜应该注意的方面：预防水分蒸发，不能将蔬菜置于高温环境中，最好入库冷藏，有些带叶蔬菜可以包上保鲜膜；控制温度，不要在过低的温度下储藏蔬菜，防止蔬菜被冻坏，这样会加速腐烂；尽量避免堆积挤压，容易在一定程度上损坏食材；避免混装，有时蔬菜的挥发物质会互相影响，造成不同的化学反应，缩短食材保质期。

Ⓑ 干货储存注意事项：一要注意食材间的间隔，保持空气流通；二要定期清洁查看货架，以免有虫鼠等脏物污染；三要分类摆放；四要注意密封保存；五要避免阳光直射。

Ⓒ 装盘的基本规律：一般炒菜盛盘时，用铲勺将形大的或主料拉入盘里，细小的料放在盘底，主料在上层，突出主料；对于汁稠、黏性大的菜，要先盛一部分入盘，再把锅里其余的盛入勺中，盖在盘中的那部分上，并用劲向下按，这样盛入盘中的菜呈圆形，显得很饱满；块大的如整鸡、整鱼，为了盛入盘中还保持整体性，需要将锅端在盘子上面，向前倾斜，一面用勺拖住鱼或鸡的前部，一面抬高锅的倾斜度向下倒，这样把菜品完整地盛到盘内。

答疑解惑

问：厨房冰柜该如何使用与维护？

答：①厨房冰柜不得私用。②启动冰柜前须保证插头、插座连接完好，再通电源。③冰柜启动后须检查有无异常声音，是否正常运转。④严格按照冰柜容积及承重规定储存食品。⑤定期检查冰柜内结霜厚度，做好除霜工作，同时做好冰柜内清洁、灭菌工作。⑥冰柜防尘罩要经常清理。⑦冰柜温度要根据实际情况及所冻食品数量进行调整。⑧发现问题应及时断电，迅速报修。

问：厨房常用的消毒方法有哪些呢？

答：①煮沸消毒法。消毒锅应呈桶状、锅底稍平，水量适度，以竹篮盛装餐具，当水沸时，将餐具放入其中，待水再沸时，取出备用，即沸进沸出。②蒸汽消毒法。一般要求消毒温度在80℃以上，保持30分钟即可。③灭菌片消毒法。按一定比例配制消毒液，然后将洗净的碗盘等餐具放入消毒液内，浸泡几分钟。

实用模板

菜品研发部经理岗位职责	餐中巡台检查表	菜肴成品检验记录表
厨房菜品处罚管理	打荷岗位职责	厨房员工安全自查表
灶台厨师质量管理职责		

第6章

财务收支不能出错

财务收支管理虽说是财务的工作，可是餐厅经营人员及管理者也要重视，尽量减少餐厅经营成本，保证银钱往来安全，规范各级员工对银钱的安排与使用，才能减少企业的损失，企业多一点利润就能更长久地发展下去。

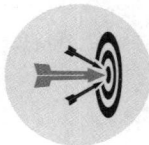

6.1 减少成本才能开源节流

经营成本是餐厅必须要付出的资源，若是付出过多会导致餐厅经营越来越艰难，减少成本是每个餐饮管理人都在思考的问题，不过在此之前，餐饮管理人需要对成本有深刻的认识。

6.1.1 明白餐饮成本有哪些

餐饮经营繁复，各项钱财支出牵动总体利润，对管理人员来说把控好经营成本才能保证餐厅的实际利润，这是一个不小的挑战。首先管理人员需要认识到餐饮业的经营成本有哪些，可以将餐厅成本分为两大类，即固定成本和变动成本。

◆ 固定成本

固定成本指成本总额在一定时期和一定业务量范围内，不受业务量增减变动影响而能保持不变的成本，包括固定资产折旧费、管理费用、各种税费等。

◆ 变动成本

变动成本指在一定时期和一定经营条件下，随着业务量的变动而变化的那些成本。例如原料成本、水电能源等，会随着餐饮菜点的生产和销售的增加而增加。

此类划分能够帮助管理者进行损益分析和成本控制。高层管理以控制固定成本为主；中低层管理以控制变动成本为主，尽量降低成本费用。而对成本项目进一步细分，我们能看到餐饮经营的细微脉络，更实实在在地清楚哪些地方在消耗资源，为餐饮经营会涉及的成本费用项目，见表6-1。

表 6-1 餐饮经营的成本费用项目

项　目	描　述
人工费	餐饮企业各部门人员的工资,需按合同定期支付,包括基本工资、绩效工资、福利奖金等
物料消耗	餐厅内各种物品的消耗费用,包括行政办公用品、电器设备、餐具、桌椅等
清洁卫生费	餐厅为保持服务场所和设备的清洁,可能投入较大的成本
折旧费	属于固定费用,指餐厅的固定资产的折旧
燃料费	一般是厨房烹饪所用燃气支付的费用,或是公用车辆所耗汽油、柴油费
维修费	主要指日常经营中对各种设备进行修理、配件更换发生的各种费用
水电费	餐饮企业经营产生的一切水电费,每个时期都是不断变化的
各项税费	根据国家规定需要支付的税金,包括所得税、环保税等
制服费及洗衣费	正规的餐饮店都有统一的职工服装,由餐厅统一提供,且定期洗涤,所产生的费用也要计入成本中
保险费	这属于固定费用,一般餐厅为了保证经营的顺利,会购买一些保险以防万一,如财产险、综合保险
办公费	指一些低值易耗品,如通信费、纸张费、印刷费、管理费
广告费	餐厅若要做宣传,会产生一系列的营销费用,如传单设计费、印刷费、广告投放费
财务费	如果经营餐厅要向银行贷款,那么会定期产生贷款费用
租金	若餐厅门店不是自己的资产而是租赁的,那么会产生定期租赁费,属于固定费用

6.1.2　控制人工成本

现在企业人工费用越来越高,餐饮管理者陷入两难的境地,工资开得过高企业负担太重,工资开得较低根本招不到人,所以餐厅必须重新审视人员的使用情况，尽量让人工成本变得合理，具体有如下一些方法。

◆ 优化人员结构

任何一个企业或组织内部，都会对人员进行分级，从管理方面可分为管理者与员工，从技术方面可分为高级技术人员、中级技术人员和低级技术人员，从行政上可分为行政部、后勤部、厨房、采购部等。

对于餐厅内几个重要的部门，餐厅管理人员要认真规划人员结构，比如厨房，大致可分为高、中、低3种等级，高级人员便是主厨及副主厨，中级人员一般指厨房帮厨，低级人员便是打荷、杂工、切配师傅。

三个层次的员工人数该如何分配呢？最好以1∶1∶3为佳，即每1个厨师配1个帮厨，再配3个杂工，以此类推。

组织结构的优化原则便是保留高级人员，精简中级人员。因为高级人员难寻，也难培训，不能轻易裁掉；而中级人员的工资负担不低，最好精简，免得增加人工成本。

◆ 合并职位

对于专业性不强的职位，没有必要分得那么清楚，适当合并还能精简工作流程，如可将厨房打荷、切配合并，将洗碗工、摘菜工合并，将服务员与清洁工合并……这样让员工有事可做，还能提升一点工资，何乐不为。

◆ 取消岗位

利用率实在不高的岗位该取消就要取消，比如点菜员就非常没有必要，服务员就可以替顾客点单，虚设职位只是看起来上档次，实际上会导致组织内部冗员较多，虚耗成本不说，还不利于管理。

◆ 引入自助模式

现在越来越多的餐厅开始优化店内系统和设施，改变经营模式，可以节约很多人工。

①建立扫码点单系统或安置自助点单机，节约了点单和结账工作，餐厅可大大减少收银员和服务员的聘用人数。

②设置茶水自取区域，将茶水、小食、酱菜等安置在统一的位置，顾客可以按需自取，不失为一个降低人力的好办法。当然对于重视服务的高档餐厅，并不适用。

◆ 善用临时工

如果餐厅内员工足以应付日常的经营，只是在节假日稍显不足，可以通过聘用临时工来解决燃眉之急，所耗成本既不多，又不会长期支付。不过临时工的服务质量很难保证，对餐厅来说可能是一个负面影响及隐患。

所以，管理人员要控制好临时工的数量，并安排正式员工与之搭配干活，以免其工作懈怠。

6.1.3 水电煤气支出不容小觑

水电煤气费用每月都要缴纳，每天都会支出，日积月累可以说是不小的开支，因此，管理人员不要看不上这点支出，做一些小小的改变可能为餐厅节约一笔资金。

①节能设备用起来。不管是节能冰箱，还是节能灯具，能够帮助我们节约资源，管理人员就要考虑。

②定期检查设备。设备完好无损，才能发挥正常的功用，若是漏电、耗电，带给餐厅的损失就无形增加了。

③培养员工节约的意识。可以在员工手册、员工行为规范等公司章程中提出节约的概念，或是在公司会议、活动上强调，鼓励员工养成随手关灯、关闭设备的习惯。

④控制冰箱存货。不要让冰箱或冰柜里的存货太满了，容易加重制冷设备的负担，影响空气循环，耗电量就会异常高。

⑤控制洗洁精的用量。洗洁精过量，不但污染环境，在清洗时还要浪费更多的水资源，是一个不能忽略的问题。

6.1.4 维护保养各项设备

虽然餐厅内的各种使用设备从买回来开始就在不断变旧，但是减缓设备折旧程度，延长其使用期限，能有效地节约餐饮成本。而员工在日常使用设备时就不得不注意设备的维护和保养了。

餐厅可以设计设备保养管理制度，来提醒和指导员工如何使用各种设备，如下所示为某餐厅电器设备保养注意事项。

实用范本 餐厅电器设备保养注意事项

一、电器设备在使用时的注意事项

1. 使用前认真阅读使用说明书，掌握要领后方可操作。

2. 检查电线是否安全，安装前要选择合适的位置，使用专门的电源插座。

3. 定期清洁电器，清洁前要拔掉电源，待机器冷却后方可进行。零件部分不能沾水，清洁时不能用水冲，要用擦布擦，清洁后干燥一段时间才能继续使用。

二、电冰箱

电冰箱作为餐厅电器设备，为宾客提供温度适宜的各种饮料、葡萄酒、香槟酒等。正确使用电冰箱应注意以下几条事项：

1. 把冰箱放置在通风良好的场所，其背部要与墙有 10 厘米的距离，以保证散热。

2. 搬运电冰箱时不要将冰箱放倒，要立式搬运，倾斜应小于 45°。

3. 开关冰箱门要尽量少而快。

4. 不要将食物塞满冰箱，会阻碍冷气循环，使冷却力下降。

5. 当预告停电时，将温度调节器调到"强"点，使食品充分冷却。暂时不要放入新的食品，停电时尽量减少冰箱开门次数。

6. 电冰箱长期不用时，要拔下电源插头，取出食品，清扫干净。

7. 擦拭冰箱应注意使用中性洗涤剂或温水擦拭，不要用化学药品清洗冰箱，否则会使塑料部件变形、变质。

8. 冰箱不可贮存乙醚、汽油、油漆、涂料、酒精等易燃烧的物品。

三、空调

使用空调时要注意将冷暖档控制在人体感到舒适的位置，即保持室内恒温 21 ℃ ~24 ℃。空调的正确使用方法如下：

1. 使用时注意通风换气。

2. 电源插头要插牢，电源插头如果松弛，会引起漏电或过度发热。

3. 不要用电源的接通、切断控制机器，这样做会引起电路问题。

4. 接触正在运转中的风扇或电气元件十分危险，要特别注意。

5. 不要堵塞吸入口和吹风口，否则会给空调增加负担，使性能下降或引起保险装置失效、机器停止运转等现象。

6. 不要直接对空调喷洒可燃性药剂、杀虫剂、油漆等易燃物品，否则容易引起火灾。

四、吸尘器

吸尘器在使用中应注意不要吸入以下物品：未熄的烟头、挥发溶剂、酒精等易燃物；针、刮胡刀等尖利物；含有水分的垃圾、蟑螂或其他昆虫也能堵住吸尘口或管道。

1. 不要将软管硬性扭曲、伸拉、踩踏等。

2. 使用时要注意不要离火或热源过近，不要强行抻拉电源线。

3. 清洁过滤器后要注意安装是否正确，如安装不妥，灰尘会进入电动机内引起故障。

4. 用过吸尘器后要马上断开电源，然后将集尘袋中的灰尘清扫干净。集尘袋要定期清洗。

5. 注意检查机件上的螺钉是否有松动现象，如果有，应立即紧固。

6. 定期更换轴承，上润滑油。

除了提醒员工妥善使用设备外，管理人员或设备维修部还要做好定期检查，及时发现问题，及时处理，可避免设备长期故障而没有被发现，报废得更快。管理人员可通过表格来安排日常检查计划。设备日常维护计划表，见表6-2。

实用范本 设备日常维护计划表

表 6-2 设备日常维护计划表

序　号	设备名称	保养周期	保养内容	备　注
1	灶台	1个月/次	检查炉芯、管道、阀门是否漏气	无
2	和面机	2个月/次	加润滑油、检查皮带是否松动	无
3	压面机	2个月/次	加润滑油、检查皮带是否松动	无
4	蒸箱	1个月/次	检查电源、加热管是否损坏	无
5	烤箱	2个月/次	清洗水箱、风扇	无
6	冰箱、冷库	1个月/次	检查压缩机、清洗散热器、检查温度控制器	无
7	燃气间	每天	检查管道是否漏气、压力表是否正常	无

当然，为了让员工真正将设备使用注意事项落到实处，最好是划定相应的责任人和职责内容，方便检查人员查找有关负责人，设备检查责任表，见表6-3。

实用范本 设备检查责任表

表 6-3 设备检查责任表

责任人	职责内容	监管部门	常规检查
厨师长	负责整个后厨的设备、设施保管，监督设备的合理使用	厨房	每日一查
领班	负责本班组的设备、设施的保管，监督设备的合理使用	大堂主管	每日一查

责 任 人	职责内容	监管部门	常规检查
后厨人员	对分配给本人的设备、设施、卫生区域负有保管、维护、清洁职责	厨房	每日一查

6.2 不要小瞧收银工作

收银工作看似简单，没有什么技术含量，却容不得任何错误，不然带来的后续影响非常大，主要涉及银钱核对、入账、各项数据的记录与计算，所以管理人员对收银工作应有基本的要求。

6.2.1 明确收银员的责任

在大家的印象中，餐厅收银员的主要工作就是给顾客结账，但其实远远不止如此，除了结账，收银员在开始营业和结束营业的时候还要做许多工作，如下所示为收银员的基本岗位职责。

1.收银员在上班前应先做好营业前的准备工作。预备好零钱，以便找数；检查使用的收银机、计算器、验钞机等设备，并做好清洁保养工作。

2.准确打印各项收款单据、发票；及时、快捷收妥客人消费款；在收款中做到快、准，不错收、漏收；对各种钞票必须认真验明真伪，收到伪钞自赔。

3.每日收入现金，必须切实执行"长缴短补"的规定，不得以长补短。出现长款或短款，必须如实向上级汇报，按公司财务规定，长款入公司账，短款当事人自赔。

4. 按公司外汇兑换率收取外币，不得套取外币，也不得自兑外币。

5. 每天收入的现款、票据必须与单据相符，认真填写营业报表，字迹清晰，不得涂改，连同收款菜单、卡单、签单单据核对后，交审核员审核对账后转交会计签收做账，现金、信用卡、票据等交出纳，营业收款单据交审核员并签收。客人需要发票时要进行登记，主管级签名才有效。

6. 备用周转金、即时收银钱，必须天天核对、专人保管，如有遗失自赔，绝对不得以白条抵库私自挪用。

7. 一切营业收入现金，不准乱支。未经总经理批准（必须书面签名，可在总经理电话同意后补签），不得将营业收入现金中借给任何部门或任何个人。

8. 使用信用卡结账时，必须按银行培训的使用规定和操作程序办理。

9. 每一位收银员在当班营业结束后，检查当班营业收入单、卡数量与现金签单及信用卡结算等是否相符，同时根据当天票、款、账单做出营业报表上交财务部审查无误后，才能下班。

餐厅对收银员除了工作安排上的培训外，还要加强其责任心，这样可以尽可能降低收银工作的失误，以下即为强化其责任心的具体措施。

①工作时一切要按公司制度行事。

②强调公款与私款的分别，不能混淆。

③收银员的保密意识要强，不得向无关人员泄露关于公司的营业收入情况、资料及数据。

④以公司利益为重，鼓励对不当行为的监督和揭发。

⑤按规定的营业消费价格收取客人费用。

⑥结算款及营业收入不得拖欠入账，客离账清。

6.2.2 结账工作流程

客人用餐完毕到收银台结账时，收银员应该按程序办理结账的一系列手续，基本流程如图 6-1 所示。

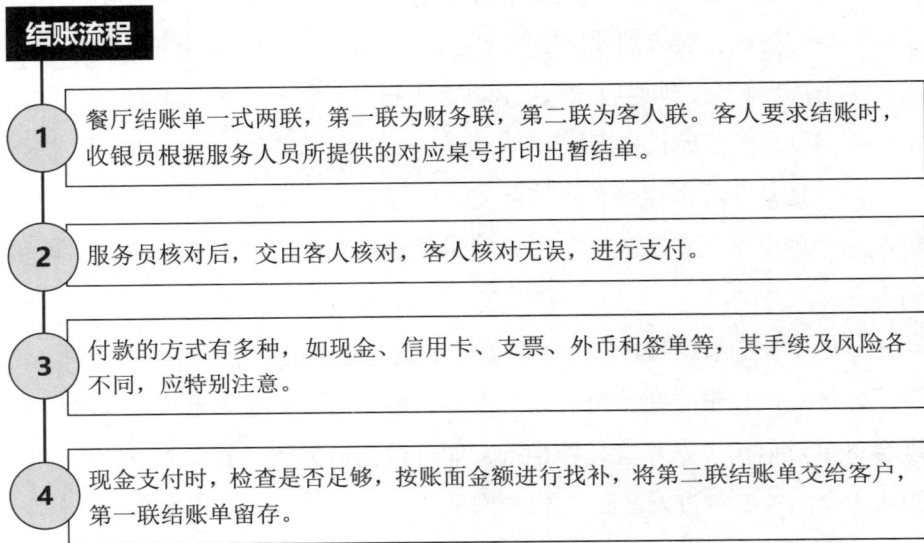

结账流程

1 餐厅结账单一式两联，第一联为财务联，第二联为客人联。客人要求结账时，收银员根据服务人员所提供的对应桌号打印出暂结单。

2 服务员核对后，交由客人核对，客人核对无误，进行支付。

3 付款的方式有多种，如现金、信用卡、支票、外币和签单等，其手续及风险各不同，应特别注意。

4 现金支付时，检查是否足够，按账面金额进行找补，将第二联结账单交给客户，第一联结账单留存。

图 6-1 结账流程

客人选择不同的支付方式，收银流程会有些微的差别，如客人选择信用卡结账时，收银员要注意以下几点。

①确认客人的信用卡是否是餐厅受理的信用卡，查验信用卡的有效期、持卡人的姓名和性别、身份证。

②依据账单填上信用卡签单金额，在刷卡机（POS）上刷卡，连同账单交还顾客签字。

③确认无误后，才可把信用卡与签单的顾客联交还给客人。

6.3 各项餐饮费用的管理

餐饮经营的各项费用类目繁多，不好管理，除了财务人员负责对账单与银钱进行核对，整理数据与材料等各种专业工作外，管理人员对于经营活动中的特殊事务还应做特殊管理。

6.3.1 留足备用金以备不时之需

备用金是企业拨付给企业内部用款单位或职工个人作为零星开支的备用款项，可以作为差旅费、零星采购费等，一般会指定专人负责管理，按照规定用途使用，不得转借给他人或挪作他用。

餐饮企业的备用金可作为店铺内收银结算、找零的现金，根据餐饮门店的店面大小和营业规模，准备金的多少也有差别，普通店铺准备 2 000 元的备用金就可以了。

由于备用金金额是固定的，所以每天结束营业需要单独分开盘点。对备用金该如何管理呢？如下所示为备用金管理的基本要求。

1. 每天营业开始与结束，收银员必须进行盘点清查，发现账实不符须及时向店长汇报，以便查明原因，及时止损。

2. 在每天营业结束后，收银员必须及时将备用金存放到店内保险柜中，保险柜的密码一般只与收银员和店长知晓，绝对不能外泄，否则相关人员要承受刑事责任。

3. 收银员不能以任何理由将备用金带出店，餐厅必须规定严格的处罚措施，违者处以一定的经济处罚，并承担由此造成的一切经济损失。

4. 店长负责店面备用金的安全并承担连带责任。

5. 保管备用金的收银员离职或调动，则由店长负责监督收银员的工作交接，与备用金有关的工作手续未交接清楚时，店长不得为收银员办理离职或调动手续。

6. 备用金应实行专款专用，任何个人不得挪用店面备用金用于采购、报支费用，违者处以相应的经济处罚，情节严重者，同时给予处分甚至解雇。

7. 每天营业结束后，必须对备用金进行真假币的查验，若查出假币，应由当天的收款人员负责，并加强识别假币的能力。

除了作为收银结算的现金，备用金当然还可用于店内的事务开支，员工使用时可以事先支取，而后提交发票和账单；也可以自行垫付，过后报销。对此，餐厅应设计相应的管理制度。备用金的相关管理制度，见表6-4。

表6-4　备用金的相关管理制度

备用金管理制度	具体内容
批准制度	对哪些部门、哪些业务实施备用金管理，应建立一个规范的申请、批准制度
定额管理制度	对批准使用备用金的部门，必须根据需要事先核定一个科学合理的备用金定额
日常管理责任制度	使用部门必须对备用金指定专人管理，并明确管理人员必须执行的现金管理制度，按规定的使用范围和开支权限使用，接受财会部门的管理及定期报账等各项责任制度
清查盘点制度	财会部门必须对备用金建立定期与不定期相结合的清查盘点制度，防止挪用或滥用，保证备用金的安全完整
审查入账制度	对备用金使用部门报销的所有票据，财会部门都要像对其他原始凭证一样，进行严格的审核后方能付款记账

6.3.2　核查每日营业收入

营业收入指在一定时期内，企业销售商品或提供劳务所获得的货币收入，分为主营业务收入和其他业务收入。餐厅的营业收入一般包括售卖食物所得以及售卖饮料、酒水所得等。

餐饮企业取得收入时，通过收入类账户核算，借（增）记"银行存款"

或"库存现金"科目，贷（增）记"主营业务收入"或"其他业务收入"科目。对不属于企业主营业务范围的兼营业务的收入，作为其他业务收入处理。

管理人员可通过营业收入日统计表来核查每日收入，了解餐厅的经营情况，做出针对性的改善方法。某餐厅营业收入日统计表，见表6-5。

实用范本 餐厅营业收入日统计表

表6-5 餐厅营业收入日统计表

收入类别	营业收入	现 金	银 行 卡	挂 账	折 扣
合 计					

6.3.3 各项费用报销流程

规范企业内各项费用的报销流程，有助于企业内的资金管理，保证企业内部资金不会轻易流出去。一般来说，报销流程分为如下几步：

①报销人整理报销单据，并填写费用报销单，将报销附件粘贴在费用报销单后，或统一粘贴在粘贴单上；

②将报销单送至部门负责人处复核并签字；

③报销人送报销单至财务部，由会计审核；

④接着交由财务主管复核；

⑤经审核无误，将费用报销单送呈总经理审批；

⑥出纳根据总经理审批后的报销单支付款项或结清借款。

而对于具体的费用项目，报销的流程会有差异，不同的企业规定也不同，如下所示为某餐厅各项费用报销规定。

实用范本 餐厅各项费用报销规定

一、日常费用报销

公司日常费用主要包括差旅费、业务招待费、通信费、交通费、办公费、低值易耗品和车辆费用等。在一个预算期间内，各项费用的累计支出原则上不得超出预算。

二、差旅费报销规定

1. 拟出差人员首先填写出差申请单，详细注明出差地点、目的、行程安排、交通工具及预计差旅费用等，并按审批程序和权限进行报批。

2. 出差人员将审批过的出差申请单交财务室，按借款管理规定办理借款手续，出纳按规定支付所借款项。

3. 出差人员应在出差归来 5 个工作日（以报销原始票据日期为准）内办理报销事宜，根据差旅费用标准填写差旅费报销单，并按审批程序和权限进行费用报销，结清借款。

4. 出差人员借款原则上"前款不清不再预借差旅费"。

三、通信费报销规定

1. 通信费由办公室指定专人按费用审批程序及报销流程办理报销手续。

2. 员工手机话费在一个年度内（上年 12 月至当年 11 月）按月度报销，在报销期内可随时报销，超过报销期限不予报销。

3. 公司管理人员凭营业厅开出的发票戳限额报销，每月超过 300 元的通信费用不予报销。

四、办公费、低值易耗品等报销规定

1. 为了合理控制费用支出，此类费用由公司办公室统一方案管理，集中购买，并指定专人负责。

2. 公司办公室每月根据需求及库存情况按预算管理方法编制购买办公用品及低值易耗品预算，实际购买时填写购买申请单。

3. 办公用品及低值易耗品的购买由办公室按方案统一购置，并建立实物账，详细登记办公用品的进、出情况。报销办公用品必须有正式发票，并附有供货单位加盖公章的出货单或电脑小票。

五、日常物品采购费用报销

1. 日常物品采购费用支出是指因采购零星材料、机械设备配件、福利性用品及办公设施用品等所发生的费用支出。

2. 公司所有物品采购必须填写统一印制的物品申购单，经部门负责人和主管经理签字确认后报总经理批准，方可办理。

3. 公司采购人员依据性价比进行物品采购，并按规定程序办理物品验收和使用手续。

4. 所购物品发票、物品验收单、入库单以及物品申购单一并作为报销原始票据，在 3 个工作日内按报销程序办理报销手续；假设有特殊情况不能在规定期限内报销，应及时以书面形式向财务人员说明情况，否则财务人员有权拒绝报销。

六、交通费报销

1. 凭正规发票（公交车票、出租车票）办理报销手续。

2. 需要在费用报销单上注明起始地、目的地、办理事项。员工办公无紧急情况不许打车，如特殊原因需打车，需本人在费用报销单上注明打车原因。

6.3.4　应收账款及时追讨

应收账款是指企业在正常的经营过程中因销售商品、产品、提供劳务等业务，应向购买单位收取的款项，包括应由购买单位或接受劳务单位负担的税金、代购买方垫付的各种运杂费等。

应收账款是伴随企业的销售行为发生而形成的一项债权，它包括已经发生的和将来发生的债权。如果餐厅的各项经营活动中，产生了应收账款，管理人员一定要引起重视，注意应收账款的催收。

面对不同的催收对象，我们会得到不同的反应和态度，若是对方态度不配合，管理人员应该怎么完成催收工作呢？来看以下催收方式。

◆ 常规催收

在催收的前期，企业一般采用较为常规的方式进行催收，有还款意向的合作方，一般都会补上账款。常见的方式有电话催收、上门催收和发函催收等。具体操作见表 6-6。

表 6-6　常规催收的具体操作

催收方式	具体操作
电话催收	①拨打电话前做好准备工作，了解与合作方款项来往情况 ②拨打电话时要记得录音 ③注意交流的情绪与态度要不卑不亢，避免因为交流的不快，影响了账款催收 ④主要围绕应收款项的多少和期限来交流 ⑤要与对方确定还款期限
上门催收	①上门催收前要提前预约 ②做好礼节上的表现 ③单刀直入，不浪费彼此时间 ④若是不成功，向对方表达下次再来的意愿
发函催收	若是管理人员想要正式地催收，可以发函给对方公司，书面的函件更加商业、更正式，能够给对方一些压力

◆ 委托律师催收

如果对方对我们的催收无动于衷，或是没有引起重视，委托律师催收不失为一个好办法，既有分量又还没到法律诉讼这一步。

首先，律师可以发送律师函，表达己方的诉求，提醒和警示对方。

其次，律师函可以保留下来作为日后解决纠纷所需的证据。

一般情况下，到这一步对方会按照双方合同的约定，支付剩余款项，否则就要付诸法律程序。

◆ **法律程序催收**

这种催收方式是在万不得已的情况下才会采取，耗时耗力，对自身餐饮门店也会有影响，不过对方拒不还款，餐饮企业也只能采取这种方式了。管理人员要注意，企业作为债权人可在起诉前后，向法院申请财产保全，以确保在判决之后能顺利收回应收账款。

如下所示为应收账款催款函模板。

实用范本 **应收账款催款函**

_____公司：

截至____年___月___日，我公司账面尚有贵公司欠款_____元（大写人民币_____元整）。按照与贵公司的有关合同协议的约定，贵公司应当在____年___月___日之前支付上述款项，但我公司至今仍未收到该笔款项。因此，特请贵公司能够在近期内及时向我公司支付上述款项。

我公司账户名称：

开户银行：

账号：

此致

公司（印章）

××年××月××日

工作梳理与指导

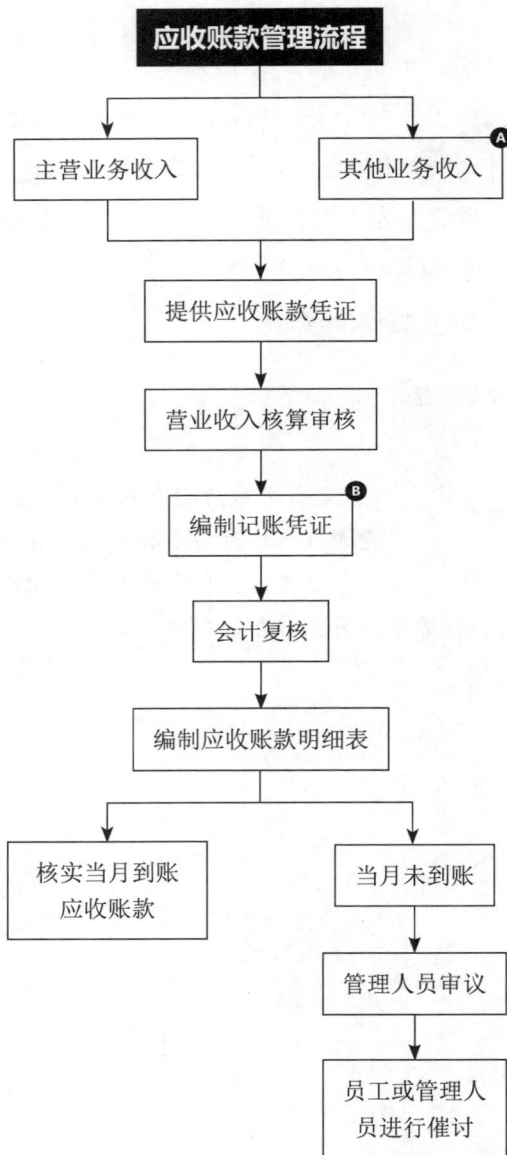

应收账款管理流程

主营业务收入　　　　其他业务收入 **A**

提供应收账款凭证

营业收入核算审核

编制记账凭证 **B**

会计复核

编制应收账款明细表

核实当月到账应收账款　　　　当月未到账

管理人员审议

员工或管理人员进行催讨

流程梳理

按图索骥

🅐 其他业务收入是指除主营业务收入以外所取得的各种收入，与企业经营活动也有直接联系，但在企业营业收入中占比较小。

🅑 记账凭证，会计专业术语，是由会计人员对审核无误的原始凭证或汇总原始凭证，按其经济业务的内容加以归类整理，填制而成，作为登记账簿依据的会计凭证。会计人员填制记账凭证要严格按照规定的格式和内容进行。

答疑解惑

问：应收账款的日常管理包括哪几方面？

答：①信用调查。企业可以通过查阅客户的财务报表，或根据银行提供的客户的信用资料了解客户信誉、偿债能力、资本保障程度、是否有充足的抵押品或担保，以及生产经营等方面的情况，进而确定客户的信用等级，作为是否进行业务往来的依据。②赊销额度。企业可根据客户的信用等级确定赊销额度，对不同等级的客户给予不同的赊销限额，将累计额严格控制在企业所能接受的风险范围内。③收款策略。当客户违反信用时，企业必须有有效措施催收账款，如这些措施都无效，也不要轻易采用法律手段。

问：餐厅经营中面临的顾客账单管理问题有哪些？

答：①走单，故意使整张账单丢失或不开账单，并私吞相应的餐款收入。②走数，漏计收入，以减少账单上的费用总额。③账单漏打内容。④消费项目统计错误、混淆。⑤给予客人的优惠折扣错误。⑥账单计算发生错误等。

实用模板

营业收入分析表	餐饮业成本费用比重表	门店备用金与支出管理办法
备用金管理制度	餐饮业成本费用管理制度	费用报销单
发票管理制度		

第 7 章

做好餐饮营运与卫生管理

餐厅营运的卫生与安全需要管理者时时警惕，就算管理得再好，仍然有出错的时候，所以管理者既要"抓大"，也不能"放小"，要规定好员工的职责，告诉他们操作的标准，设计惩罚制度，然后加强日常监管，共同维护经营环境的卫生与安全。

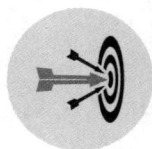

7.1 安全乃营运第一要紧事

　　餐饮企业的安全管理能够保证经营顺利，打造一个安全的用餐环境对企业来说至关重要，管理人员不能存侥幸心理，要在安全事故发生前及早预防，才能确保餐厅内的财产和人身安全。

7.1.1 消防安全不能亮红灯

　　无论哪个行业，对消防安全的问题都不能松懈，一旦出事就是大问题，很可能让餐厅损失惨重，难以继续经营。餐厅管理人员起码要做好以下事务。

◆ 员工消防知识培训

　　餐厅内无论任何岗位、任何职位，正式员工或临时员工，上岗前都应该进行消防安全培训，学习基本的消防安全知识，在日常工作中不断强调和培养消防安全意识。

　　1. 牢记消防电话"119"，树立"安全第一"的思想。

　　2. 了解消防"三会"，会报警、会用灭火器、懂得疏散逃生。

　　3. 常见的灭火器材要会用，如干粉灭火器、二氧化碳灭火器、消防栓、烟感报警器等。

　　4. 干粉灭火器的使用方法是拉开保险销，将橡皮管喷嘴对住火源根部，保持1.5米的安全距离，压下压把喷射灭火。

　　5. 若是突发火情不要惊慌，应立即使用最近的灭火器进行扑救，及时报警，听从上级的指挥。

　　6. 班后检查电、水、设备，锁好门窗，关闭电源、气阀。

　　7. 对味道要足够敏感，闻到异味应立即反应、检查，在此期间不能出现明火。

　　8. 了解自己所在岗位的消防器材以及各项安全情况。

　　9. 若有火情意外，及时通知上级领导。

10. 餐厅环境内严禁乱拉电线，随意摆放电器设备，一切按餐厅制度执行。

11. 对于危险因素不能无动于衷，如电线裸露、电线松动、电源插座破损、插头损毁要立即报告。

12. 注意冒烟的烟头，看到要立即熄灭。

13. 不要在炉头或电灯附近放置易燃物品。

14. 对于盛有易燃品的容器，使用完毕一定要将盖子拧紧，保证密封。

15. 厨师必须注意液化气管道、炉灶开关等地方，严禁明火，发现漏气、漏油情况，应立即关闭气阀或油阀。

16. 厨师班后要清理炉灶内油垢。

17. 认识常见的易燃物品，如燃料、纸、油、酒精、木器、棉布。

18. 了解易燃气体，如煤气、氧气、氢气。

除了基本的消防安全知识，还应组织厨房、仓库等重点预防区域的员工做好应急演练，包括油锅火灾、油烟管道火灾、燃气火灾等事故演练，还可编制规范的演练说明书。

◆ **重点区域定期检查**

定期的检查是防止消防安全的有效手段，餐厅、企业内所有的电气线路、电源插座、用电设备都需要检查，最好设立专门的维修检查部门，查看是否存在线路老化、插座松动、金属导线裸露等情况。

厨房的燃气管道、阀门、接口等也是需要重点检查的地方，定期检查可以最大限度地保证员工安全使用。

◆ **防火设备齐全**

意外当然不是任何人能保证不发生的，所以要准备好可使用设备和工具，来解决意外问题。在厨房、大堂等区域，应该配好灭火毯、灭火器等灭火器材，并且员工要知道如何使用。

◆ 干净、整洁的环境

很多人都容易忽略的一点是，火情发生有时与杂物堆积、地面积水有脱不开的关系，所以维持餐厅各区域的干净整洁是很有必要的。

①厨房要定期对油烟管道进行清理，以免油脂堆积容易引发火情。

②巡查店内安全通道是否畅通，以及是否被占用、堵塞、封闭。

7.1.2　煤气使用要规范

我们都知道餐饮业经营，煤气、液化气、天然气等易燃气体的使用具有一定的危险性，事实上很多燃气爆炸的新闻都与餐饮业有关，尤其是高温季节。

因此，管理人员对这方面应该做出严格的要求与规范。如下所示为某餐厅设计的液化气安全使用管理规定。

实用范本 液化气安全使用管理规定

为保障餐厅人身财产安全，维护员工和公司利益，规范液化气使用，特制定此规定。

1. 使用煤气之前必须将厨房的门窗打开，保持良好通风；观察煤气，确认无漏气时再开火使用。

（1）嗅觉——煤气漏气时会有气味。

（2）视觉——煤气外泄，会造成空气中形成雾状白烟。

（3）听觉——会有"嘶嘶"的声音。

（4）触觉——手接近外泄的漏洞，会有冰凉的感觉。

2. 使用煤气时，观察火焰是否正常呈淡蓝色，如发现呈红色，即表示不完全燃烧，会产生一氧化碳，引发中毒危险，应立即请专业人员检修、调整炉具。

3. 定期检查炉具、煤气管线是否正常；怀疑煤气管有漏气时，禁止使用火柴或打火机点火测试，应以肥皂泡检查有无泄漏。仔细地检查灶具等燃气用具是否与供应的煤气相符合，与灶具的连接管两端卡子有否安装固定好，所有阀门是否关好。

4. 发现煤气漏气时应如何处置。

（1）立即关闭煤气开关。

（2）千万不可开启或关闭任何电器开关。

（3）轻轻地打开所有门窗并迅速逃到户外。

（4）打电话报警处理。

7.1.3 小偷小摸损失不小

由于餐厅是提供服务与餐食的地方，这给餐厅带来了与其他企业不一样的属性，就是每天都有大量形形色色的人来往，就像公共区域。而为了更好地提供服务，餐厅内又会设置很多设备，餐具、桌椅、现金、酒水、食材等具有价值的财产和物品。

所以，餐厅防盗是餐饮企业不得不面临的一件事，管理人员最好制订严密的措施来防止餐厅遭受损失，放松警惕就有可能像下例一样。

实操范例 门店简陋防盗措施引来小偷

某日上午餐饮门店店长李某照常去上班，到达饭店门口时发现门被撬开，进入店内，收银台被乱翻一气，里面的银钱也不翼而飞，显然是被小偷盗走。

于是李某赶紧报警，并查看了门店的监控，发现凌晨3点左右，一个黑影在店门口鬼鬼祟祟，不一会儿便进入店内，在收银区域翻箱倒柜。由于监控模糊，破案还需要时间。

这次事故给李某带来了很大的打击，觉得都是因为自己平时没有把防盗措施放在心上，才会使店铺遭受损失。店内早就该安装防盗门或报警装置了，只因最近店内生意好，所以迟迟没有付诸行动。

从案例中我们可以了解到，一道玻璃门、一把锁是难以保证餐厅的财产安全的，需要更有效、更专业的防盗措施。餐厅防盗主要从两方面入手：一是内部防盗，二是外部防盗。

◆ 内部防盗

内部防盗就是指防止工作人员监守自盗，这种事情防不胜防，所以更要注意。可从以下几点入手控制内部偷盗事件。

①员工不许带贵重物品来上班。

②在一个专门的区域放置员工储物柜，用密码或钥匙保证员工个人物品的安全。

③收银柜打开时，旁边要有负责人，负责人离开必须关闭收银柜，打开密码时时更换。

④抓到盗窃者立即开除，并报警，按刑事处置。

◆ 外部防盗

要防止外来人员盗窃，餐厅需要安装一些硬件防盗设备，这是最科学有效的方法，还要注意一些细节问题，如下所示。

①灯光照明。餐厅投射灯应能照到通道、后门、前门及外围景观，这样来往的人都能查看清楚，不会存在黑影等技术问题，及时更换损坏灯具。

②猫眼装置。后门要加装猫眼装置，且最好保持上锁的状态；后门的门面不要有把手或其他类似零件，保证后门只能从店内打开。

③及时检修门窗。小小螺丝却能给小偷可乘之机，经常检查门窗，如发现螺丝脱落的情况，应立即找人修理。

④门店钥匙管理。建立钥匙管理簿，务必要求钥匙持有人签名；控制

店内钥匙数量，只限店长、经理或开店及打烊的管理人员持有。若发现钥匙有遗失，及时更换门锁。

7.1.4 停电让安全隐患变大

餐厅突然停电会直接影响业务经营，所以餐饮管理人员要做好停电应急预案，并按此培训员工，这样停电时一切都能按部就班地进行。应急措施分几步走，见表7-1。

表 7-1 应急措施的步骤及对应的操作

应急措施	具体操作
及时汇报	①大堂负责人立即致电工程部说明停电位置及涉及影响的范围，并做好对方接电话员工的工号及时间记录 ②及时向总经理、厨师长、值班经理汇报停电位置及涉及影响的范围 ③通知保安部、财务部等相关部门，做好营业安全及协调工作，并做好相关文字记录
稳定现场	①餐厅、厨房当值经理、大厨要现场指挥，按各个厅、厨应急程序分配好领班、员工的应变工作 ②领班、主厨等管理人员要马上落实应急照明系统，控制好门口及所有走火通道，加强巡查 ③密切注意顾客情况，暂时禁止客人出入 ④稳定好用餐客人的情绪，做好解释工作，控制客人走动，提醒顾客保管好自己的贵重物品 ⑤要注意保护好事故现场
保证安全	①在餐台及自助餐台上摆放点燃蜡烛照明的，要注意做好安全措施 ②防止发生踩踏、摔倒等事故 ③断开各区域自行操作的电器开关，避免恢复电力供应时电压不稳造成设备损坏，包括多功能煮食炉、电磁炉、鼓风机、冷柜、电饭煲等 ④对有可能受影响的食品做应急处理，确保食品卫生安全

续表

应急措施	具体操作
尽量维持服务	①对客人已点的菜，如不能及时制作的，应向客人建议更改其他菜式 ②与厨房及酒水部做好沟通工作，确保服务能正常运作 ③停电期间，各个厅根据实际情况，处理好结账工作，做到准确无误，客人离开餐厅时，提示客人凭结账底单离开餐厅，负责服务的服务员要做好送客工作。负责门口迎宾的人员尤其要注意礼节，对停电带来的不便向客人表达歉意 ④厨房、大堂领班要控制好营业中服务的衔接，包括出菜、收撤餐具等，尤其要注意不要打碎餐具，造成安全隐患
供电恢复	①通知总经理、厨师长以及各厅领班恢复供电 ②餐厅当值经理、大厨要指挥员工尽快恢复正常运作 ③各厅、厨房检查供电恢复的电压稳定情况，再接通设备开关，并检查运行情况 ④对因停电而容易变质的食品要及时处理，并做好文字记录

知识扩展 烫伤客人怎么办

若是顾客不小心被烫伤了，要立即用冷水冲洗烫伤区域，再小心地将烫伤表面的衣物去除，若是不太严重，可以涂抹烫伤膏，用纱布包裹；若是较为严重，要立即送医急救。

7.1.5 顾客丢失财物不能推卸责任

餐厅毕竟是公共场所，人多眼杂，不能保证所有人都是清白的，若是发生顾客财物被盗的事件，餐厅工作人员不能事不关己，应做好相应的应对措施，努力营造一个良好的用餐活动，那么餐厅应该做好哪些工作呢？

首先，在顾客点单时，服务人员有必要提醒顾客注意保管好自身的财物，尤其是贵重物品。

得知客人的物品、钱财被盗，餐厅要做出一系列弥补措施，见表7-2。

表7-2　得知客人物品或钱财被盗的弥补措施

弥补措施	具体操作
表示歉意	服务员和餐厅领班要向顾客表示歉意与关心，询问并记录有关线索，如丢失物品、遗失地点、顾客的行动轨迹
现场寻找	如果只是遗失，不是被盗，那么通知保安人员在可能的区域寻找，还是有很大概率找到 若是最终未能找到丢失物品，请客人做好登记，以便联系顾客
通知警察	对于餐厅无法做到的，就要及时报警，寻求更专业的刑侦手段，帮助客人找到其物品
赔偿事宜	客人要求餐厅赔偿时，按照餐厅的有关规定处理，如遇上不能做决定的情况要向上级领导报告。餐厅的赔偿方式有以下几种： ①从客人的消费中扣除一定数目或是免单 ②将约定的赔偿数额划到客人银行账户，并注明资金用途 ③现金赔偿，请顾客填写收据 ④一时不能决定的，请顾客留下联系方式，之后方便协商解决

在餐厅内发现顾客遗失的财物时，工作人员要如何处理呢？来看某餐厅的顾客遗失物品移交保存规定。

实用范本 顾客遗失物品移交保存规定

1. 凡饭店员工在店内捡拾到物品（含现金），要立即交到大堂经理处。

2. 拾到物品的员工要按要求在遗失报告单上逐项填写清楚，内容包括所拾物品是什么，有什么特点，捡拾地点、时间，捡拾人员姓名等。

3. 值班大堂经理将物品与遗失报告单进行核对，将物品存放在大堂物品寄存处。

4. 当客人询问遗失物品事宜时，由物品寄存处工作人员核查相关遗失报告单后进行相关处理。

5. 客人认领遗失物品时，需要说清楚遗失物品的时间、地点、物品特征、身份证明等信息。确认物品归属时，根据客人出示有效证件进行登记，经手人及客人双方签字后方可领走遗失物品。

6. 捡拾物品按价值分类，可分为三类：一般物品，价值在 100 元以下，存放期限为 3 个月，若过期无人认领，由大堂经理签字后处理；贵重物品，价值在 100 元以上，在寄存处存放一个月若无人认领，将物品上交行政处保存；食品、饮料等容易过期的物品，保存期限只有 3 天，之后由领班签字同意后方可扔掉，注意做好记录。

7. 遗失报告单一式两份，大堂寄存处保留一份，行政部保留一份，并在统计表上登记。

7.2 食品安全影响重大

餐厅提供的服务和"商品"较为特别，是从口而入的食品，因此，"出品"时要格外注意，保证食品安全，即指食品无毒、无害，符合应有的营养要求，对人体健康不造成任何急性、亚急性或者慢性危害。

所以餐厅在食品加工、存储、销售等过程中要做好卫生方面的工作，避免食物中毒等一系列安全事故。

7.2.1 餐具清洗要仔细

餐具是盛放食品的器具，与食物直接接触，餐具的卫生与否直接影响食物的卫生和安全，餐厅对餐具的清洗与消毒应重点规定。

◆ 餐具清洗

通常来说，对于餐具清洁的要求要保证表面无污渍、油渍，清洁后水质清澈。清洁时，要做好以下步骤。

①步骤一：清。将餐具中残渣倒入漏斗或泔水桶中（不可直接倒入下水道），必要时用清水将餐具内残留的食物残渣大致清洗一下，然后投入洗碗槽。

②步骤二：刷。在洗碗槽中放入一定比例的洗涤灵或洗洁精，左手握住餐具一侧，用右手拿起洗刷工具顺时针方向清洁，内侧必须刷洗3圈以上，将碗中污垢刷洗掉。

而对餐具的背面要顺时针刷洗两圈以上，这样"刷"才算全部完工。

③步骤三：洗。将餐具放入清水池中，左手握住餐具，右手用毛巾依内侧、外侧、底部的顺序清洗干净。

◆ 餐具消毒

消毒餐具是指经过特殊的方法杀死病原微生物达到消毒作用，这是保证食品安全的有效方法，任何餐厅都不能跳过该步骤。餐厅可选择不同的消毒方法，见表7-3。

表 7-3　餐具的不同消毒方法

消毒方法	具体介绍
煮沸消毒	将洗涤洁净的餐具置入沸水中消毒2～5分钟
蒸汽消毒	将洗涤洁净的餐具置入蒸汽柜或箱中，使温度升到100℃时，消毒5～10分钟；用锅加水煮沸后产生大量蒸汽消毒餐具，效果很好，不会使餐具挂上水碱
浸泡消毒	①不耐高温的餐具，特别是啤酒杯具等会遇热爆裂、变形等，可使用漂白粉、氯亚明、高锰酸钾等消毒液浸泡 ②浸泡时一定要注意药液必须没过餐具 ③药液浓度要按规定要求兑冲，如漂白粉用0.5%澄清液；肝炎病人的餐具要用3%的漂白粉澄清液；浸泡时间要充足，一般需15～30分钟 ④浸泡后再用清水冲洗干净，最好用流动水冲洗

续表

消毒方法	具体介绍
化学消毒	使用餐具消毒剂进行消毒： ①选用的消毒剂必须是经卫生行政部门批准的餐具消毒剂，不能使用非餐具消毒剂进行餐具消毒 ②使用餐具消毒剂进行消毒的浓度，必须达到该产品说明书规定的浓度 ③使用化学消毒时，应随时更新消毒液，不可长时间反复使用
天然杀菌	①选用纯天然提取植物源杀菌消毒液 ②餐具清洗完以后，直接喷洒于餐具 ③喷洒完毕，自然风干即可，如需着急使用，也可用纸巾擦拭一遍
洗碗机	使用餐具洗涤消毒机进行消毒： ①餐具在洗涤架上的摆放应符合设备要求，不可乱堆乱放，以免影响洗涤消毒的效果 ②洗碗机工作水温控制在 80 ℃左右 ③洗涤、消毒液应临时配制，随时更换 ④洗消完毕后，应检查餐具洗涤、消毒的效果，达不到卫生要求的，应重新进行洗涤、消毒 ⑤洗碗机应经常检修，保持其正常的工作状态
烤箱消毒	如红外消毒柜，温度一般在 120 ℃左右，消毒 15 ~ 20 分钟

知识扩展 餐具消毒合格标准

首先餐具表面光洁，无油渍，无异味，干燥；其次，烷基碘酸钠在餐具上残留量低于 0.1 mg/100 cm²，游离性余氯低于 0.3 mg/L；最后，餐具上的大肠菌群检测结果判定符合标准，发酵法检测少于 3 个 /100 cm²，纸片法检测不得检出。

7.2.2 各项设备卫生管理标准

要保证餐厅整体的卫生环境，餐厅内各项设施、设备的清洁与卫生至关重要，若要规范工作人员的使用，管理人员应该设计标准的使用清洁规定，包括厨房的各项加工设备，大堂的桌椅、门窗、天花板等。下面来看不同的管理标准。

◆ 厨房设施管理

长期置于厨房环境中，不管是什么设备很难不沾染上油污，若是长时间不管理就可能变成油污集中地，要对以下设施设备的卫生多加注意。

①通风设施。厨房排烟的管道、窗口或抽油装置，这些地方是油烟积聚的重灾区，不易清洗，还容易引起火灾。

②下水道系统。为避免积水，厨房地面应有排水沟，下水道系统要保持疏通状态，若是有异味等异常情况，一定要请专业人员检查、疏通，否则是很大的卫生隐患。而为避免各种食物残渣进入下水道造成堵塞，应在入口加上漏网盖，并每日清理。

③菜品加工用具。对于菜刀、砧板使用时要划分生熟制品，以免感染。砧板清洗干净后要竖放，保持干燥以免生霉。

勺子、锅铲、筷子、刀叉等工具不能直接放在台面上，应放置在干净的容器里面。

餐具清洗后若要搬运，必须戴一次性卫生手套，搬运至指定位置后摆放整齐并加盖白布。消毒后的餐具应分类存放在密闭的保洁柜内或放置在消毒盒内，工作人员手不能接触餐具盛食品的位置。

④置物柜、置物篮。食材置物篮使用前后必须清洗干净，尤其是一些泥沙，然后放置在柜子上，不同食材分篮而放。

冰库、冰柜里生熟食应标识清楚并分柜存放，每周清洁一次，清洁时用洗洁精及毛巾抹洗，严禁用扫把和拖把清洁，冰库外表禁止用水直接冲洗。

⑤其他卫生设备。餐厅最好设置脚蹬式开关龙头，这样可以减少用手开关水龙头的次数，可以更好地保证水龙头的干净。

◆ **大堂设施管理**

用餐环境的地面、墙壁、天花板、门窗，要干净不留痕迹，没有蜘蛛网，没有污渍、水渍，没有灰尘。

大堂内的风扇、灯具、装饰物、开关要保持干净、干燥，每天都要清洁。装修物要环保、无毒，没有异味，且应该是好打理的，表面凹凸不平就很容易落灰，清理不干净，客人的观感会很不好。

厨房与餐厅之间最好有备餐间过渡或是有专用的菜品传送通道，不要直接相通，且应与客人进出通道分开。

桌椅必须保持干净，桌布、椅套每日清洗、消毒，台面无饭粒菜渣、无油污水渍，凳脚无积尘杂物。

知识扩展 外环境卫生管理

除了餐厅的内部卫生外，周边的卫生情况也要注意，内外其实是一体的，否则外部环境污脏，客人就会没有用餐的兴趣。管理人员要将目光放在店门招牌、广告灯箱、门口地面、垃圾箱等位置，保证干净、整洁。

7.2.3 食品卫生的基本要求

餐饮业食品卫生的要求严格，涉及的方面较多，管理人员可从以下几个方面做好要求。

◆ **食品储存**

食材不同于其他机械配件可以长期储存，不同的食材其保质期各有差异，像罐头类食品可以储存两三年，而新鲜的瓜果蔬菜可能几天，鱼肉则根据储存方式的不同而有所差别。餐厅要保证食品安全、可食用，在此基础上达到优质更好。所以，定期清理库存，为不同批次的食材贴上标签，记录食品名称、规格、数量、生产批号、保质期、供货商，能够更加安全地管理。

◆ 烹调安全

烹调前，要检查食品是否新鲜、安全，绝不使用腐败变质的食材；烹饪时要烧熟煮透，中心温度不低于 70 ℃。

◆ 防止交叉感染

消毒食品和食品工具、容器分开存放和使用；生熟食品分开存放；直接入口的食品与食材分开存放；半成品与食品原料要分开存放；盛放生熟食品、半成品的容器也要分类放置，可用色彩进行标记。

总之，餐厅要按照《餐饮服务食品安全监督管理办法》的有关条例，来安排与实施食品安全管理。

实用范本 餐饮服务食品安全监督管理办法

第四章 监督管理

第二十三条 食品药品监督管理部门可以根据餐饮服务经营规模，建立并实施餐饮服务食品安全监督管理量化分级、分类管理制度。

食品药品监督管理部门可以聘请社会监督员，协助开展餐饮服务食品安全监督。

第二十四条 县级以上食品药品监督管理部门履行食品安全监督职责时，发现不属于本辖区管辖的，应当及时移送有管辖权的食品药品监督管理部门。接受移送的食品药品监督管理部门应当将被移送案件的处理情况及时反馈给移送案件的食品药品监督管理部门。

第二十五条 县级以上食品药品监督管理部门接到咨询、投诉、举报，对属于本部门管辖的，应当受理，并及时进行核实、处理、答复；对不属于本部门管辖的，应当书面通知并移交有管辖权的部门处理。

发现餐饮服务提供者使用不符合食品安全标准及有关要求的食品原料或者食用农产品、食品添加剂、食品相关产品，其成因属于其他环节食品生产经营者或者食用农产品生产者的,应当及时向本级卫生行政、农业行政、工商行政管理、质量监督等部门通报。

第二十六条 食品药品监督管理部门在履行职责时,有权采取《食品安全法》第七十七条规定的措施。

第二十七条 食品安全监督检查人员对餐饮服务提供者进行监督检查时,应当对下列内容进行重点检查:

(一)餐饮服务许可情况;

(二)从业人员健康证明、食品安全知识培训和建立档案情况;

(三)环境卫生、个人卫生、食品用工具及设备、食品容器及包装材料、卫生设施、工艺流程情况;

(四)餐饮加工制作、销售、服务过程的食品安全情况;

(五)食品、食品添加剂、食品相关产品进货查验和索票索证制度及执行情况、制定食品安全事故应急处置制度及执行情况;

(六)食品原料、半成品、成品、食品添加剂等的感官性状、产品标签、说明书及储存条件;

(七)餐具、饮具、食品用工具及盛放直接入口食品的容器的清洗、消毒和保洁情况;

(八)用水的卫生情况;

(九)其他需要重点检查的情况。

第二十八条 食品安全监督检查人员进行监督检查时,应当有2名以上人员共同参加,依法制作现场检查笔录,笔录经双方核实并签字。被监督检查者拒绝签字的,应当注明事由和相关情况,同时记录在场人员的姓名、职务等。

第二十九条 县级以上食品药品监督管理部门负责组织实施本辖区餐饮服务环节的抽样检验工作,所需经费由地方财政列支。

第三十条 食品安全监督检查人员可以使用经认定的食品安全快速检测技术进行快速检测,及时发现和筛查不符合食品安全标准及有关要求的食品、食品添加剂及食品相关产品。使用现场快速检测技术发现和筛查的结果不得直接作为执法依据。对初步筛查结果表明可能不符合食品安全标准及有关要求的食品，应当依照《食品安全法》的有关规定进行检验。

快速检测结果表明可能不符合食品安全标准及有关要求的，餐饮服务提供者应当根据实际情况采取食品安全保障措施。

第三十一条　食品安全监督检查人员抽样时必须按照抽样计划和抽样程序进行，并填写抽样记录。抽样检验应当购买产品样品，不得收取检验费和其他任何费用。

第五章 法律责任

…………

第六章 附则

…………

7.2.4　保证采购环节的原料卫生

为了保证食品卫生、安全，餐饮企业当然要从源头入手，购进优质的食材，后面的处理工作就简单多了，而采购时要避免哪些食材呢？

◆ 不符合食品卫生标准

很多餐厅在选购食材时把关不严，不向供货方索取食品卫生质量的检验报告，导致食材质量参差不齐，没有统一的标准，处理时增加了很多麻烦。

◆ 不符合《食品安全法》

为了保证消费者的用餐安全，我国《食品安全法》规定了一系列不允许加工生产的食品和食材，如致癌的食品添加剂、病死畜肉，餐厅要仔细检验。

◆ 假冒伪劣

现在很多不良商家会用劣质的原料来加工食品，如假酱油、掺假香辛料、掺假盐等。若采购者没有注意，很容易被钻了空子，所以餐厅的进货场所一定要是大型的、规范的，避免不正规的食品市场、零售摊点、加工厂。

造成这种不良采购的直接原因还是餐厅的管理不善，管理人员尤其要注意以下几个问题，见表7-4。

表7-4 避免不良采购要注意的管理问题

管理问题	具体内容
缺乏法律意识	这个问题一般出现在小型的餐厅，管理人员和员工缺乏法律意识，为了贪便宜，低价购进各种食材原料，也不检查是否符合食品卫生标准，以为不会出现大的纰漏，最后很有可能造成大的食品安全事故，还有可能涉及法律责任
缺乏全面的食品采购卫生管理制度	采购工作是餐饮经营的一个大的问题，对采购部员工的工作没有规范等于给企业埋下隐患，管理者只在乎成本预算，不规范安全问题、验收问题，很有可能使大量不合格的产品流入餐桌，最后造成企业重大损失
缺少专业技能	若是负责餐饮采购和加工的员工不具备辨别食品卫生的知识和技能，那么即使有制度规范，仍然不能保证最后的结果，所以对此方面的培训应该加强，告诉员工需要检查什么证件，优质食材应该是什么样的
忽视食品安全证明文件	向供应商索取食品卫生质量证明文件是必须要做的一项工作，也是供应商自证的权威方式，是保障食品安全的底线，餐饮企业一定要利用法律赋予自己的权利，维护好自己的权益

7.3 如何处理食物不良反应

若是在严密的食品安全制度下还是出现了意外，如夏天温度过高，食物变质的时间缩短，让顾客产生了不良反应，餐厅要引起重视，懂得处理的方法，降低不良反应带来的连锁影响。

7.3.1 培训员工食物中毒有关知识

食物中毒是指患者所进食物被细菌或细菌毒素污染，或食物含有毒素而引起的急性中毒性疾病。消费者食物中毒也会有不同的表现，可分为胃肠型食物中毒和神经型食物中毒。

1. 胃肠型食物中毒症状以恶心、呕吐、腹痛、腹泻为主。
2. 神经型食物中毒症状以头痛、头晕、乏力、恶心、呕吐、眼部肌肉瘫痪等为主。

造成食物中毒的基本病因，见表 7-5。

表 7-5　造成食物中毒的基本病因

基本病因		具体介绍
细菌及其毒素	沙门菌属	最适宜繁殖的温度为 37 ℃，在 20 ℃以上可以大量繁殖，但不耐热，60 ℃环境下，15 ~ 30 分钟即可杀灭。广泛存在于动物肠道内，细菌可随粪便排出，进而污染水、食物、餐具以及食材，人进食后引起感染
	副溶血性弧菌	该菌嗜盐，在海水中能存活 47 天以上，淡水中存活 1 ~ 2 日。对酸敏感，食醋 3 分钟可杀死。在 37 ℃时生长最好，不耐热，56 ℃环境下，5 分钟可杀死，90 ℃环境下，1 分钟即可灭活。对低温及高盐环境抵抗力强。 带鱼、黄鱼、乌贼等海产品带菌率极高，被海水污染的淡水所产的水产品，以及被该菌污染的高盐食物（咸菜、腌肉、咸鸭蛋等）都可带菌，引起人的感染
	志贺菌属	志贺菌体外生存能力较强，耐寒而不耐热，60 ℃环境下，10 分钟可杀死，阳光直射 30 分钟可杀灭，在室温通常可存活 10 天。 志贺菌随患者粪便排出后，可通过手、苍蝇等传播，污染食物和水，感染其他人。另外，接触带菌者的生活用品也可感染
	葡萄球菌	葡萄球菌在肉类、乳制品中繁殖力强，可存在于人的皮肤、指甲、鼻咽部及化脓感染灶中，如污染各种食物并大量繁殖，人食用后，可引起食物中毒

续表

基本病因		具体介绍
细菌及其毒素	肉毒杆菌	又名腊肠杆菌，因多发现于腊肠中而得名。肉毒杆菌可产生芽孢，对体外抵抗力极强，需要干热 180 ℃下 15 分钟，或湿热 100 ℃下 5 小时，或高压灭菌 120 ℃下 20 分钟，才可杀灭。此外，5% 苯酚、20% 甲醛 24 小时也可杀灭 　　肉毒杆菌广泛存在于自然界，以芽孢形式存在于土壤、海水沉渣中，也可存在于动物粪便中，极易污染食物及食材
	变形杆菌	存在于土壤、水以及人和动物的肠道中。该类细菌在外界环境中适应力强，极易生长繁殖，致病食物以鱼蟹，尤其是赤身青皮鱼居多
	蜡样芽孢杆菌	本菌对外界抵抗力极强，能在 110 ℃的环境中存活 1 ~ 4 天，广泛分布于土壤、尘埃、水、草和腐物中，也可存在于人和动物的肠道中，如含菌的物质（包括粪便）污染食物、炊具，可引起人感染
	大肠埃希菌	该菌在体外抵抗力强，在水和土壤中能存活数月，在阴凉干燥处也可存活 1 个月，但在含氯 0.2 mg/L 的水中不能生存 　　大肠埃希菌可由人或动物粪便排出，污染了水、食材后，再由人食入引起感染
动物植物食材及毒蘑菇		河豚，以及保存不善的四季豆、扁豆、大豆、土豆等常见食材都可含有各种毒素，引起人中毒
		毒蘑菇属于真菌，因此不属于植物食材，在盛产野生菌类的地区（如云南、贵州），毒蘑菇中毒十分常见
化学毒物		鼠药及农药不慎污染食物、农药残留过多、故意投毒等都可以引起各种化学毒物的中毒
真菌毒素和霉变食物中毒		谷物、甘蔗等保存不当可以导致真菌毒素和霉变食物中毒，如变质麦类、玉米谷物可以产生赤霉病麦食物中毒，变质甘蔗可以导致霉变甘蔗中毒

7.3.2　懂得预防各类食物中毒

了解与食物中毒相关的各类知识后,餐厅要做出有针对性的预防措施,把好安全大关,主要从三个方面进行预防。

◆　预防细菌性食物中毒

细菌性食物中毒非常多见,不同的致病菌感染的途径和预防措施是不同的,见表 7-6。

表 7-6　不同致病菌的感染途径和预防措施

致 病 菌	相关食品	预防措施
沙门氏菌	污染该菌的畜禽肉类、蛋、奶及其制品和淡水产品	①不采购病死牲畜肉(查验检疫合格证明),生熟分开;②肉禽蛋类食品要热透后食用;③储存食品要在 5 ℃以下,做到避光、断氧更佳;④搞好环境卫生,消毒,保持干爽,以免细菌滋生
副溶血性弧菌	带鱼、黄鱼、乌贼、咸菜、腌肉、咸鸭蛋等食品	①海产品加工处理一定要烧熟煮透;②减少水池和地面的污染;③工具容器生熟分开并消毒,杜绝落地存放;④淡水处理海产品,醋泡 10 分钟以上
葡萄球菌	肉、蛋、奶及其制品,淀粉类食品和豆制品	①低温贮存、防蝇防尘、空气消毒;②注意个人卫生(厨师有皮肤溃破、外伤、感染、腹泻症状等不要带病加工食品);③经常除四害
蜡样芽孢杆菌	以米饭为主,其次是熟肉、奶汁、鸡汤	保持空气洁净(防止尘土、昆虫及其他不洁物污染食品)、容器干净,低温短时间存放米饭(蜡样芽孢杆菌在 15 ℃以下不繁殖)、再食用时回锅彻底加热
致病性大肠杆菌	—	定期清扫,保证环境卫生,防止工具容器污染、生熟食品交叉污染(特别是熟后污染),熟食品要低温保存,防止厨师带菌污染(勤洗手等),防止水源污染

◆ 预防化学性食物中毒

化学性食物中毒多指有毒金属、非金属及其化合物、农药和亚硝酸盐等化学物质污染食品而引起的食物中毒，严重的可危及生命。预防措施见表7-7。

表7-7 化学性食物中毒的预防措施

化学元素	预防措施
有机磷农药	①严禁将有毒有害化学物与食品放置在一起；②不使用来源不明的食品或容器；③蔬菜要彻底清洗干净后再加工；④厨房、食品加工间和仓库要控制人员进出，经常上锁，防止投毒
亚硝酸盐	①防止将亚硝酸盐当作食盐；②慎用嫩肉粉（采购索证）；③自制熟肉制品时禁用；④禁止在火锅、老汤、面条汤中使用；⑤腐烂变质的蔬菜及时处理掉；⑥不用腌制不久的蔬菜（不足20天）
鼠药	①注意灭鼠投药过程污染食品及操作环境；②防止投毒

◆ 预防植物性食物中毒

植物性食物中毒主要指蘑菇、菜豆、发芽土豆等产生的毒素，引起消费者中毒。预防措施见表7-8。

表7-8 植物性食物中毒的预防措施

有毒植物	预防措施
毒蘑菇	①不摘采野蘑菇；②采购时注意识别，首先看颜色，毒蘑菇菌面颜色鲜艳，有红、绿、墨黑、青紫等颜色。其次看形状，无毒蘑菇的菌盖较平，伞面平滑，菌面上无轮，下部无菌托；有毒蘑菇的菌盖中央呈凸状，形状怪异，菌面厚实板硬，菌杆有菌轮，苗托杆细长或粗长，易折断
菜豆	一定要把菜豆彻底加热（100℃，30分钟），用大锅加工菜豆更要注意翻炒均匀、煮熟焖透，使菜豆失去原有的生绿色和豆腥味
发芽土豆	①采购时一定要仔细检验土豆是否发芽；②妥善保存，防止发芽；③加工轻微发芽的土豆，必须彻底挖去芽、芽眼及芽周1厘米部分

总的来说，餐厅预防食物中毒要遵守以下原则。

①避免污染。污染都是因为不洁之物触碰到食物造成的，所以尤其要注意食物与食物的接触、人与食物的接触、食物与物品的接触。

②控制温度。控制温度是杀灭大部分细菌的有效手法，制作熟食，食品中心温度应该达到 70 ℃以上；食物冷藏应把温度控制在 10 ℃以下。

③把握时间。食物保质期有限，要合理安排，计算每天的使用量，缩短食材存放时间，新鲜的食材不会轻易滋生细菌。

④清洗消毒。通过对环境的消毒，可以有效保证食物的卫生。

⑤控制加工量。若是加工的条件不够，不要加工超过设备负荷的食品，这样容易达不到本来的卫生条件，造成大量的食品污染。

总之，餐厅要按照餐厅食物中毒的应急预案的有关条例，来安排与实施食品安全管理。

知识扩展 食物中毒处理步骤

餐厅若是不幸出现消费者食物中毒，工作人员切不可手忙脚乱，要按基本的流程处理，如图 7-1 所示。

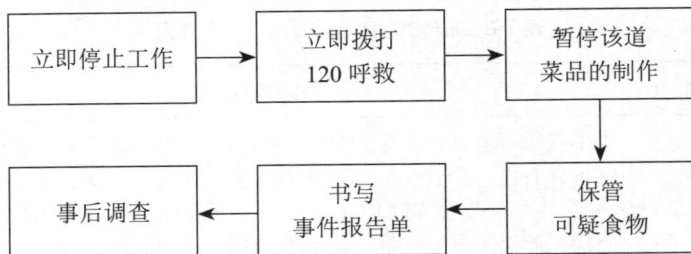

立即停止工作 → 立即拨打 120 呼救 → 暂停该道菜品的制作 → 保管可疑食物 → 书写事件报告单 → 事后调查

图 7-1　食物中毒处理流程

7.3.3 提醒顾客常见过敏原

过敏原是引起超敏反应的物质，机体受同一抗原再次刺激后会发生一种表现为组织损伤或生理功能紊乱的特异性免疫反应。餐饮行业中一不小心就有可能发生顾客过敏的意外事件，因为很多食材都可能诱发过敏反应，所以要做好有关方面的预防。常见的食物过敏原有以下三类。

①八大样：蛋、牛奶、花生、黄豆、小麦、树木坚果、鱼类和甲壳类食品。

②八小样：芝麻籽、葵花籽、棉籽、水果、豆类（不包括绿豆）、豌豆和小扁豆。

③其他：柠檬黄、亚硫酸盐、乳胶。

一些常见的过敏原及相关食品，见表 7-9。

表 7-9　常见过敏原及相关食品介绍

过敏原类别	允许使用的原料或食品	常含有该原料的食品
鸡蛋	蛋白、蛋黄、蛋清、溶解酵素、水解卵蛋白	蛋黄酱、蛋卷
牛奶	黄油、乳酪、酪蛋白、干酪、松软干酪、凝乳、乳清、乳球蛋白、乳糖、麦乳精、奶油、酸奶油、酸乳酪	人造奶油、奶油、巧克力、冰激凌、奶油冻、牛轧糖、布丁
花生	花生酱、花生块、花生粉、花生蛋白、水解花生蛋白	混合坚果
大豆	大豆衍生植物蛋白或者组织化植物蛋白质、味噌、黄豆酱、东北大酱、豆腐、水解大豆蛋白	—
亚硝酸盐 +	亚硝酸氢钠、偏亚硝酸氢钠、二氧化硫	葡萄酒、干果，粗加工的土豆、干菜
小麦	麦麸、小麦提取物、糊精、粗麦粉、黑面粉、麦芽、细面粉、胚芽、明胶蛋白、淀粉，包括酶处理、酸处理或化学变性淀粉、粗粒小麦粉、水解麦粉	面包屑、饼干、面包、意大利面条

续表

过敏原类别	允许使用的原料或食品	常含有该原料的食品
种子（棉籽、芝麻籽、葵花籽）	每一种籽都应被看作独立的过敏原	—
海鲜类（甲壳类、软体类、鱼类）	每一物种都应被看作独立的过敏原	—
树木坚果（杏仁、巴西坚果、腰果、栗子、榛子、澳大利亚坚果、松子、开心果、美洲山核桃、核桃）	每一物种都应被看作独立的过敏原	混合坚果、某些巧克力

　　由于可造成顾客过敏的食物原料太多了，所以餐厅有提醒的义务，一般来说，客人对自己的过敏原是清楚的，但对菜品所用原料就难以区分，餐厅可通过以下方式告知顾客：

　　①对服务员进行培训，让其熟记菜单中有过敏原原料的菜品，在客人点单时，及时提醒客人；

　　②餐厅内摆放"过敏原提示牌"，对《预包装食品标签通则（GB 7718—2011）》中规定的8类可能导致过敏反应的食品及其制品进行双语提示；

　　③制作更为精细的菜单，可以使用图片和文字结合的方式，在菜单上标注菜品主要原料和调味料，以提示过敏原信息。

　　另外，从采购、储存、检验这些环节开始，便要注意食材的分类存放，避免在运输过程中接触过敏原，或是交叉污染。

7.3.4 食物过敏的常见反应

任何食物都有可能成为过敏原，食物过敏会出现多种症状，包括皮肤、消化道、呼吸道及心血管系统等不适。轻症患者一般表现为皮肤、消化道症状，严重者可出现呼吸和心血管系统症状，甚至休克、死亡。

如下所示为一些不同的典型症状。

◆ 皮肤症状

急性荨麻疹和血管性水肿是食物过敏最常见的皮肤表现。患者可出现皮肤红斑和风团，大小不一，瘙痒剧烈及面部、唇、口腔、咽喉等部位水肿等症状。

◆ 口咽部症状

摄取过敏食物后出现的唇、舌、腭和咽部瘙痒、刺激和轻度肿胀等口腔过敏综合征表现。

◆ 呼吸道症状

食物引起的孤立性过敏反应性鼻结膜炎或哮喘，较为罕见，一般常见于严重食物过敏引发的全身性过敏反应，包括鼻痒、鼻塞、流涕、打喷嚏、鼻充血、咳嗽、喘息，严重者可出现呼吸困难。

◆ 胃肠道症状

半数以上儿童食物过敏可累及消化系统，出现恶心、呕吐、腹痛、腹泻、血便和黏液便、进食困难，严重者可出现生长障碍、贫血、低蛋白血症等。

◆ 全身性过敏反应

全身性过敏反应可能会导致低血压、心律失常或死亡。

若是顾客在餐厅用餐不幸出现以上症状，服务人员或是主管领班应该及时反映，送去就医或拨打 120 呼救。

7.4 工作人员健康检查

在餐饮行业工作的任何人员都有接触食物、食材的机会，而对于入口的东西我们应该慎之又慎，做好卫生防控。从人员健康入手把好第一道关，能够有效防止各种传染病的滋生和传播，若是从业人员的健康有隐患，那么整个餐饮业的底线都将崩塌。

7.4.1 招聘员工要求健康检查

餐厅管理者以及人事部都要将健康检查看作是任职的必须要求，就能从一开始降低卫生和招聘风险，如图 7-2 所示为某餐厅在互联网上的招聘启事。

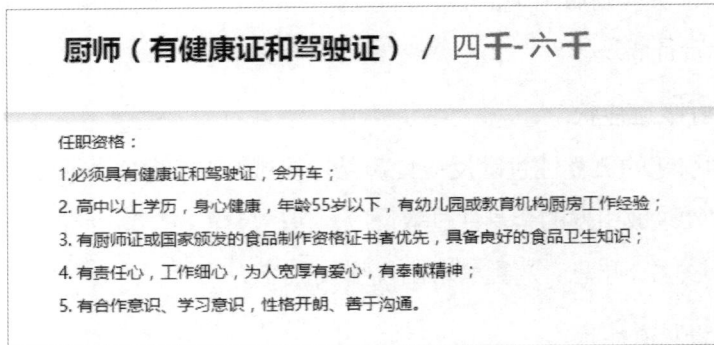

厨师（有健康证和驾驶证）/ 四千-六千

任职资格：

1. 必须具有健康证和驾驶证，会开车；

2. 高中以上学历，身心健康，年龄55岁以下，有幼儿园或教育机构厨房工作经验；

3. 有厨师证或国家颁发的食品制作资格证书者优先，具备良好的食品卫生知识；

4. 有责任心，工作细心，为人宽厚有爱心，有奉献精神；

5. 有合作意识、学习意识，性格开朗、善于沟通。

图 7-2　某餐厅招聘任职要求

从图 7-2 中可以看到，很多餐饮企业的管理者对招聘员工的健康要求十分重视。健康证是指预防性健康检查证明，证明受检者具备从业规定的健康素质。健康证主要涉及 5 个行业 6 种疾病，在很大程度上保护了从业人员和服务对象的健康。

根据《食品安全法》《公共场所卫生管理条例》等法规，从事食品生产经营，公共场所服务，化妆品、一次性医疗卫生用品等专业生产，有毒、有害、放射性作业，幼托机构保育这五大行业的相关人员必须拥有健康证。

健康检查主要涉及的疾病为痢疾、伤寒、活动性肺结核、皮肤病（传染性）和其他有传染性的疾病。如果查出患有这些疾病，则不得从事理发美容、直接接触入口食品、公共浴室等直接为顾客服务的工作，需治愈后方可工作。

健康证的种类分为两种：一种是普通健康证，另一种是食品健康证，是做饮食行业的人所需要的健康证。持证上岗，应该成为餐饮管理者招聘的原则之一。

知识扩展 健康体检项目

对餐饮业来说，从业人员的检查项目包括一般体检、肠道致病菌、肝功能（谷丙转氨酶）、甲肝抗体测定、戊肝抗体测定、胸透。且每年必须进行健康检查。

7.4.2 定期进行员工体检

虽说招聘员工的时候餐厅已经筛选了一道，不过还不能完全保证员工的健康状况，所以定期体检就成了一项重要的健康管理工作。管理人员可通过制定制度对相关重要内容进行规范，如下所示为某餐厅的从业人员健康及卫生管理制度。

实用范本 从业人员健康及卫生管理制度

1. 食品生产经营人员每年必须按时进行健康检查，每年到期前一个月组织健康复查，不得超期使用健康证明。

2. 新参加工作和临时参加工作的从业人员必须先进行健康检查，取得健康证后方可参加工作。杜绝先上岗后体检，不得超期使用健康证。

3. 食品卫生管理人员负责组织本企业的健康检查工作，并对从业人员健康状况进行日常监督管理。

4. 患有痢疾、伤寒、甲型病毒性肝炎、戊型病毒性肝炎等消化道传染病的人员，以及患有活动性肺结核、化脓性或者渗出性皮肤病等有碍食品安全疾病的人员，不得从事接触直接入口食品的工作。食品生产经营者应当将其调整到其他不影响食品安全的工作岗位。

5. 食品生产经营者应依法建立从业人员健康档案管理制度，组织人员每日晨检，督促以上"五病"人员调离。

6. 定期检查从业人员持证上岗情况，发现无有效健康证明者，应调离岗位并及时督促其办理。

7. 从业人员必须认真学习有关法律法规，掌握本岗位要求，养成良好的卫生习惯，严格规范操作。生产经营食品时，应当将手洗净，穿戴清洁的工作衣、帽；头发梳理整齐置于帽后，销售无包装的直接入口食品时，应当使用无毒、清洁的售货工具、戴口罩。禁止用手抓取直接入口食品或用勺直接尝味，用后的操作工具不得随处乱放。

8. 严格按规范洗手。工作人员操作前、便后以及与食品无关的其他活动后应洗手，按消毒液使用方法正确操作。

9. 工作人员不得留过长头发、长指甲、涂指甲油、戴戒指、耳环等饰物。不得面对食品打喷嚏、咳嗽，不得在食品加工场所或销售场所内吸烟、吃东西、随地吐痰、穿工作服如厕及不得存在其他有碍食品安全的行为。

为了方便管理，对所有员工的健康状况有所掌握，管理者可利用员工健康管理档案表对有关信息进行记录、保存。××餐厅的从业人员健康管理档案表，见表7-10。

实用范本 从业人员健康管理档案表

表7-10　从业人员健康管理档案表

20＿＿＿年从业人员健康管理档案							
编号	姓名	上岗时间	健康证号	在岗期间"五病"和有碍食品安全临时病症记录			离岗备注
				病症	处理	重新上岗时间	
1							

续表

编号	姓名	上岗时间	健康证号	在岗期间"五病"和有碍食品安全临时病症记录			离岗备注
				病症	处理	重新上岗时间	
2							
3							
4							
5							

7.4.3　员工卫生意识培养

保证了员工的健康问题，管理者还要从意识上启发员工，培养其重视卫生的警惕性，从内到外武装起来，这样餐厅的卫生管理就顺利多了。通常，可从两方面对员工进行培训：

①法律方面，让员工熟悉《食品安全法》等相关法律条款内容，了解国家法律对餐饮卫生的规范，对员工来说也是一种警示；

②知识方面，对于基础性且又必须了解的卫生知识，员工必须掌握，这样才知道在日常工作中该注意哪些卫生问题。

如下所示为某餐饮企业制定的从业人员食品安全知识培训制度。

实用范本 从业人员食品安全知识培训制度

1. 食品生产经营者应当依照《食品安全法》第四十四条的规定组织职工参加食品安全知识培训，学习食品安全法律、法规、规章、标准和食品安全知识，明确食品安全责任，并建立培训档案。

2. 应当依照《餐饮服务食品安全监督管理办法》第十一条的规定，加强专（兼）职食品安全管理人员食品安全法律法规和相关食品安全管理知识的培训。

3. 从业人员必须接受食品安全知识培训并经考核合格后，方可从事食品生产经营工作。从业人员包括餐饮业和集体用餐配送单位中从事食品采购、保存、加工、供餐服务等工作的人员。

4. 食品安全管理人员应认真制订培训计划，定期组织有关管理人员和从业人员（含新参加和临时人员）开展食品安全知识、食品安全事故应急及职业道德培训，使每名员工均能掌握岗位食品安全知识及要求。

5. 培训方式以集中授课与自学相结合，定期考核，不合格者应待考试合格后再上岗。

6. 建立从业人员食品安全知识培训档案，将培训时间、培训内容、考核结果等有关信息记录归档，并明晰每人培训记录，以备查验。

一些常见的餐饮卫生知识要点包括以下九点。

①餐饮业的法人、负责人或业主是本单位食品安全第一责任人。

②餐饮企业需成立食品安全管理小组，对从业人员个人卫生规范、清洗消毒操作规范、食品采购索证、进货验收、库房管理规范、食品加工规范等进行管理。

③从业人员每年要进行健康检查取得健康证。

④熟食加工知识与各食物成品、半成品、原料存放知识。

⑤食品经营者应当依照《食品安全法》第三十三条的规定，餐具、饮具和盛放直接入口食品的容器、工具使用前应当按照要求洗净消毒，不得使用未经清洗、消毒的餐饮具。

⑥食品添加剂的使用必须符合《食品添加剂使用卫生标准》（GB 2760—2014）或卫健委公告名单规定的品种及其使用范围、使用量，杜绝使用《食品中可能违法添加非食用物质和易滥用的食品添加剂品种名单》中物品。食品添加剂应建立专门台账并报卫生监督所备案。

⑦做大型宴会，餐厅需留食物样品，所供应的超过 100 人的食品成品应留样，留样食品标明留样时间、餐次，同时做好留样记录。

⑧采购必须索证。

⑨废弃油脂处理必须按国家《食品安全法》《食品安全法实施条例》、

以及《水污染防治法》等法律法规的规定进行。

知识扩展 采购如何索证

　　餐饮服务提供者从食品生产单位、批发市场采购的，须查验留存供货商资质证明（许可证、营业执照）和产品检验合格证明（生肉禽类应有检验合格证明）；从固定供货商（含个体经营户）采购的，应查验留存供货商的资质证明、每笔供货清单等；从合法超市、农贸市场采购的，须留存购物清单；使用集中消毒式餐饮具的，应索取供货厂家营业执照及消毒合格证明。以上各种来源的采购，均须索取留存有效发票或收据，同时做好采购记录（采购台账）。

　　对员工进行培训后，可以通过测试题对其掌握情况进行检查，如下所示为某餐厅员工卫生知识培训试题。

实用范本 餐厅员工卫生知识培训试题

　　姓名：　　　　性别：　　　　年龄：　　　　　单位成绩：

一、单选题（每题5分）

1.进食下列哪类食品可能引起食物中毒。（　　　）

A.四季豆　　　　B.发芽马铃薯　　　　C.河豚　　　　　D.以上都是

2.《食品安全法》赋予食管行政部门的职责。（　　　）

A.进行食品卫生监督　　　　　　　　B.公布食品卫生状况

C.以上都是

3.患有（　　　）者不得从事接触入口食品工作。

A.痢疾　　　　　　　　　　　　B.病毒性肝炎

C.化脓性或渗出性皮肤病　　　　D.以上都是

4.禁止生产经营的食品有（　　　）。

A.腐败变质　　　　　　　　　　B.含有毒有害物质

C.超保质期物质　　　　　　　　D.以上都是

5.食品从业人员个人卫生中不属于"五勤"的是（　　　）。

A. 勤洗手和洗澡　　　　　　　　　B. 勤漱口

C. 勤理发和剪指甲　　　　　　　　D. 勤换工作衣和毛巾

6. 凡在我国从事(　　)生产经营的单位和个人均须遵守《食品安全法》。

A. 食品　　　　B. 食品添加剂　　　　C. 食品容器　　　D. 以上都是

7. 若发现某厂家生产米面制品时，加入危害人体的含甲醛的增白剂。他可向(　　)举报。

A. 卫生厅（局）　　　　　　　　　B. 食品药品监督管理局

C. 政府食安办　　　　　　　　　　D. 以上都是

8. 从事食品行业的服务员，必须取得（　　）后方可参加工作。

A. 健康证　　　　　　　　　　　　B. 上岗证

C. 卫生知识培训证　　　　　　　　D. A 和 C

9. 哪些行政部门可对食品进行抽样检验。（　　　）

A. 质量监督部门　　　　　　　　　B. 工商行政管理

C. 食品药品监督管理部门　　　　　D. 以上都是

10. 对生产经营腐败变质食品的企业，可给予的处罚是（　　　）。

A. 责令停止生产经营

B. 公告收回已经售出的食品并销毁

C. 没收违法所得并处罚款

D. 以上都是

二、是非题（对的打"√"错的打"×"，每题 3 分）

1. 对违反《食品安全法》的行为，任何人都有权利控告。（　　　）

2. 食品生产人员工作时可以留长指甲，擦指甲油和戴首饰。（　　　）

3. 超过保质期的食品，仍可以销售。（　　　）

4. 食品行业临时从业人员可以不体检和不接受卫生知识培训。（　　　）

5. 销售直接入口食品时，可以不使用售货工具。（　　　）

6. 食物保管应做到生熟分离，成品与半成品隔离，食物与杂物隔离，药物与食物隔离。（　　　）

7. 食具、茶具等消毒前不用一洗、二刷、三冲、四消毒、五保洁。（　　　）

8. 苍蝇可以传播肠道传染病。（　　　）

9. 被吊销许可证的食品生产经营者及其法定代表人、直接负责的主管人员和其他直接责任人员自处罚决定做出之日起五年内不得从事食品生产经营管理工作。（　　　）

10. 境外人士在我国国内从事餐饮服务行业时可以不用遵守《食品安全法》。（　　　）

三、问答题

1. 若发生食品安全事故，餐饮服务提供者应如何处置？（10分）

2. 食品安全监督检查人员对餐饮服务提供者进行监督检查的重点内容？（10分）

80分以上通过测试，90分以上为优秀。

（答案见P218。）

7.5　其他卫生问题解决与防治

除了与餐饮加工有关的环节，餐厅内部还有其他的卫生问题需要解决与预防，管理人员要做到粗中有细，不放过任何可能导致卫生隐患的问题。

7.5.1　餐饮垃圾处理

餐饮业在向顾客提供服务的同时，也会产生很多厨余垃圾，包括饭菜残渣、玻璃酒瓶、洗涤剂等，如果不加处理便随意丢弃，不仅污染环境，还会影响餐厅的卫生状况。

为了更加方便处理各种餐饮垃圾，餐厅一般会将垃圾进行分类，大致分为气态垃圾、液态垃圾和固态垃圾，每个垃圾种类有不同的处理方式。

◆ 气态垃圾处理

餐厅内的气态垃圾一般是指厨房菜品加工产生的油烟，油烟堆积非常污脏，且容易引起火灾，所以排放时要特别注意。餐厅可做好以下几点处理措施。

①油烟最好排出建筑物之外，以免引起内部火灾。

②油烟排放导管要选择防火材料，否则在高温环境中，容易起火。

③为油烟排放导管设置自动门栅，达到一定程度的高温后能够自动关闭排气管，切断火势。

④定期安排负责人清洁排烟管内壁，或在排烟管内贴上铝箔方便打理。

⑤将油烟导入处理槽中，管口浸入槽内水中（一般用苏打水化解油滴），降低油烟污染。

◆ 液态垃圾处理

餐厅中的液态垃圾主要指卫生间排污水、厨房排污水，卫生间的污水有专门的通道排出，一般不会造成什么污染；而厨房污水有的排进下水道，有的排进排水沟，餐厅要尽可能降低污染。有如下措施可供使用。

①卫生间的污水排放安置强力冲水式设备，保证卫生间的干净整洁。

②卫生间的除臭装置也不能少，香薰、排气扇等都可以利用起来，营造一个好的环境。

③卫生间的照明也是需要管理者注意的，明亮的环境更显干净整洁。

④为了保证顾客的用餐卫生，一次性擦手纸、洗手液、消毒液都要摆放在洗手台显眼处。

⑤卫生间地板要保持干燥，不能堆积东西。

⑥卫生间隔间放置加盖垃圾桶，半日一处理。

⑦为了保证菜品加工卫生，厨房与卫生间不能相邻。

⑧卫生间要时时清理、时时注意，不必等到特定的时间。

⑨工作人员使用专用卫生间。

⑩厨房污水内的有机质要处理过滤后再行排放。

⑪厨房泔水桶要结实，方便搬移，且需加盖。

⑫及时清理泔水桶，不能等到快要溢出时才去处理。一般来说，每日处理清空。

⑬等泔水桶清空后，餐厅还需要对桶以及桶周围的环境进行清理，最好用水冲洗。

⑭有条件的还可用离心脱水法将泔水垃圾分离为固态与液态，固态垃圾按固态垃圾的处理方式处理，液态垃圾可排在污水池内。

◆ 固态垃圾处理

餐厅内的固态垃圾种类很多，多来自厨房和大堂，所以处理之前要进行分类，如可燃垃圾、不可燃垃圾。

①分好类后就可以依次装进大型号垃圾袋，分类投入对应的垃圾桶，餐厅垃圾桶都需加盖，防止污染蔓延。

②对于可回收垃圾，如酒瓶、纸箱，餐厅可由专人负责整理，酒瓶清洗干净后放在专门的储藏室，统一出售。

③残余蔬菜叶可以使用垃圾处理器磨碎，然后排入下水道，前提是要做好油脂截流处理。

7.5.2 防治虫鼠、苍蝇、蟑螂

餐厅内杂物多、油污也多，这种环境最容易招来一些虫鼠，若是虫害问题不及时处理，会越来越严重，逐渐打破餐厅的卫生壁垒，造成严重的食品安全隐患，有的餐厅还会因此停业。所以，管理人员不得不重视。餐厅虫害主要指老鼠、苍蝇和蟑螂带来的卫生问题，下面从这三个方面入手来看看该如何防治。

◆ 虫鼠防治

虫鼠防治可选择的方法有很多,包括化学防治、物理防治和环境防治三种,具体见表7-11。

表 7-11　虫鼠防治的三种方法

防治方法	具体措施
化学防治	顾名思义,化学防治是利用有杀伤力的化学药剂对虫鼠进行消杀,由于使用简单又有效,所以采用这种方法的商户有很多 不过值得注意的是,化学药剂的剂量与配比要精准,餐厅要先与虫害控制有关单位专家讨论,再按照专家所说行动
物理防治	物理防治是采用一些捕杀工具达到效果,包括以下一些: ①使用捕鼠器等器械驱杀老鼠、害虫卵、幼虫或成虫 ②利用虫鼠的生物习性,用装置诱杀 ③用装置(网遮、屏遮、气流控制等)阻隔虫鼠 ④通过温度耐受度消杀虫鼠,可选择其不能承受的高温或低温处理物品或食品,这样虫鼠会避免此环境
环境防治	环境防治就是通过提高整体环境整洁度降低虫鼠存在概率,要特别注意干燥、通风、整洁。另外,还可以从以下几方面入手处理: ①食物盛器使用后要清洁干净,不能留有油污,否则放置过程中容易招来虫鼠 ②特别注意细缝处,一要注意打扫,二可用树脂或其他物质进行填补 ③垃圾不能随意堆积,应放入垃圾桶中,桶外也要保持干净 ④储藏室、仓库、地下室物品摆放整齐、留有足够的空间很重要,物品堆积在一起只会引来虫鼠筑窝

◆ 苍蝇防治

苍蝇一般不会凭空产生,多栖息于食物或产卵地附近,尤其喜欢停留在粗糙的表面上,要想不引来苍蝇,就要维持整体的环境卫生,才不会给苍蝇滋生的机会,只要环境卫生变差,苍蝇便无孔不入,任何地方都能繁殖。

另外,对于门窗的开关也要有所控制,最好安置自动门,方便随开随关;窗户上也可以安装纱窗,防止苍蝇进入;而大型餐厅若在户外装饰了绿植，如果不加整理便杂草丛生，是苍蝇、蚊虫的滋生地，餐厅要经常修剪，喷洒除草剂防止杂草生长。

◆ **蟑螂防治**

蟑螂可以说是所有害虫中最顽强的，也是繁殖能力最强的，喜欢温暖、潮湿、阴暗的环境，通常躲在厨房各种装置的细缝中。餐厅除了要搞好厨房的卫生以外，还要定期清扫死角，让蟑螂没有安身之处。

另外，消毒剂的喷洒也是不能忽略的，使用时注意以下一些问题。

①选择无臭、无味、无菌的杀虫剂，否则厨房会有很大的味道。

②不能对人体有害，尤其是皮肤等易接触的地方不能产生损害。

③能够有效杀菌。

④没有腐蚀性，否则容易对餐厅内的各种设施设备造成影响。

7.5.3 制定卫生检查标准

虽说餐厅对各项卫生管理进行了规定，但是要达到实际效果，不能仅靠员工自觉，还需要管理人员定时监督，对员工完成效果打分，依据结果进行奖惩，才能不断促进员工改进。如下所示为某餐厅卫生检查标准。

实用范本 餐厅卫生检查标准

为提高餐厅卫生管理工作质量，特制定本标准内容。餐厅员工要对各自工作区域的卫生负有保持清洁、进行清理的责任。

一、餐厅卫生标准

1.餐厅大门无油污、灰尘，门帘干净不皱，玻璃无灰尘、水渍、水印。

2.餐厅周边无杂物、垃圾。

3.地面干净光亮，无积水，不湿滑。

4.吊顶、灯具、空调、餐厅死角无蜘蛛网。

5.餐台干净整洁，无污迹，不留置任何食品。

6.餐桌椅完好无损，物品摆放整齐有序，无破损，无遗留垃圾。

二、厨房清洁标准

1. 橱柜、物料柜、消毒柜、冰箱保持清洁、无杂物，周边整洁无油污。

2. 厨房工作台面整洁，保持干燥。

3. 烹调用具、刀具要定位，保持清洁。

4. 生熟食品、肉类食品、蔬菜食品，严格分开使用。

5. 厨房墙面无蜘蛛网，水池内包括滤网内无垃圾，地面无积水、碎菜、油污，排水沟要畅通、无异味。

6. 厨房内没有任何有毒、有害、易燃易爆、化学类物品。

三、检查规定

每周检查一次，期间不定时抽查，如有不符合上述标准的现象，对餐厅主管处罚 10 元 / 次，由于个人原因出现上述情况者，处罚当事人 10 元 / 次，主管负连带责任 5 元 / 次。若发生重要饮食安全事故，另行处理。

当然，要建立检查机制，除了制定检查标准外，管理人员还可以利用检查考核表，帮助自己工作，表格的形式在实际工作中也更易利用。某餐厅卫生检查考核表，见表 7-12。

实用范本 餐厅卫生检查考核表

表 7-12　餐厅卫生检查考核表

序号	检查项目	检查标准	评分（10分）	扣分说明
1	地面卫生	大堂区域地面清洁、无积水、无杂物		
2	餐桌卫生	餐桌摆放整齐，餐桌表面整洁、卫生、无积水、剩饭、剩菜，餐椅无灰尘		
3	门窗卫生	大堂区域内门窗玻璃干净、整洁、透明、无油渍、无污渍		

续表

序号	检查项目	检查标准	评分 （10分）	扣分说明
4	菜肴服务间	干净、无油渍、无灰尘。菜品摆放整齐，就餐结束后菜品及时收回		
5	灶台	干净整洁、无油渍、无脏水。灶台无漏水、漏气现象。气罐与灶台连接安全、合理		
6	操作台	操作台所有用具摆放整齐、干净。物品必须严格消毒，整个操作间无老鼠、蟑螂、蝇虫等。所有操作人员必须有健康证，持证上岗		
7	洗碗池	所有洗碗池内无积水、无堵塞、无剩饭菜和杂物。洗碗池旁垃圾桶不溢出，垃圾及时清运		
8	仓库	仓库物品合理摆放，生熟分开。食用油、饮料、乳制品、调味品必须有生产合格证书，不得存放腐败、变质和超过保质期的食品		
9	餐具卫生	所有餐具必须统一清洗，在消毒柜中进行消毒。餐具在使用前保持干燥、清洁、卫生		
10	人员、设备卫生及安全	工作人员必须统一穿着工装、工帽，配戴口罩上岗；餐饮设备（冰箱、冰柜、消毒柜、蒸柜、汤锅等）保持内外整洁、卫生，使用安全、合理。冰柜内严禁存放变质食材、菜品		
说明：			总评分	

备注：
①每周由综合部负责组织对餐厅进行两次不定期抽查，抽查中按每项10分进行考核。
②每次抽查结束后对不合格项发放考核整改通知单。

工作梳理与指导

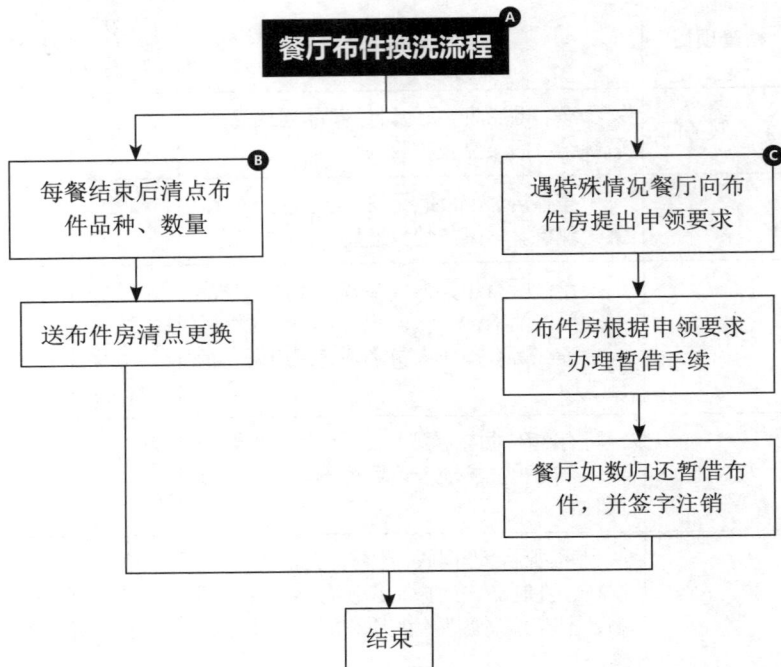

餐厅布件换洗流程 Ⓐ

每餐结束后清点布件品种、数量 Ⓑ

↓

送布件房清点更换

遇特殊情况餐厅向布件房提出申领要求 Ⓒ

↓

布件房根据申领要求办理暂借手续

↓

餐厅如数归还暂借布件，并签字注销

↓

结束

餐具清洁流程

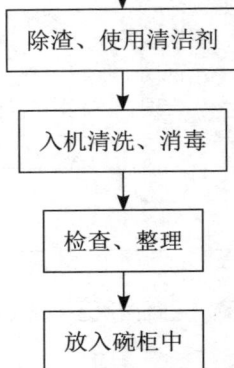

↓

除渣、使用清洁剂

↓

入机清洗、消毒

↓

检查、整理

↓

放入碗柜中

流程梳理

按图索骥

Ⓐ 餐厅布件的洗涤主要包括四个步骤：一是全部冲洗，过滤一些脏污物质，为下面的清洗工作做好准备；二是开始主洗，将油污去除干净；三是将清洗干净的台布进行漂白，然后清洗中和，去除暗沉色素和残留的洗涤剂成分，中和碱性成分；四是使用柔顺剂让台布变得柔软温和，再上浆，最后脱水处理，烘干杀菌以备使用。

Ⓑ 餐后台布清点的注意事项包括：①撤台布时不要用力拉扯，清理干净餐桌上的杂物后再撤台布。②分类清点脏布巾的数量，保证数字准确无误，填写"餐厅布品送洗单"，不可将脏台布当作抹布擦拭油污。③和洗衣房员工一起清点数目，确认无误后请对方在"洗涤收发单"上确认签字，写上日期、时间。

Ⓒ 布件房又称"制服与棉织品房"，主要负责饭店所有工作人员的工作服、餐厅和客房全部棉织品布件的收发、分类和贮存。

答疑解惑

问：想要减少顾客过敏，餐厅需要进行严格管理，有些地方可能暗含过敏的"坑"，你知道吗？

答：明确食材所含的成分和过敏物质并在菜单上标明，可以避免顾客过敏的概率，再加上严格管理菜品加工程序，防止交叉感染，这样就万无一失了，很多餐饮经营者都是这么想的。不过英国一家餐厅就因为节约采购成本，用廉价花生粉代杏仁粉，使咖喱增稠，结果让花生过敏的顾客休克性死亡。这种事故发生的概率虽然小，但是后果难以承受，所以餐厅经营者一定要保证原料的正规、准确，不论是管理层还是采购部，对采购过程严格把关，为了一点利润，随意替换材料，导致更大的安全问题。

问：顾客过敏后，餐饮服务员可做哪些工作呢？

答：虽说过敏症状需要对症下药，及时就医，不过为了减缓顾客的痛苦，服务员还可以做这些工作。首先，停止顾客进食，以免症状加重；其次，防止顾客因为瘙痒而动手抓痒，若是抓破患处，很容易感染病菌，到时候更难治疗；然后，可以给顾客补充水分，降温，保证空气流通，若是没有缓解，就要立即送医了。

问：如何鉴定煤气软管是否龟裂？

答：①将软管轻轻地拗弯至约45°角；②检查拗弯处软管的状态；③如果该软管没有开

裂口就是没有问题的；④如软管有开裂现象就属于软管龟裂，若软管只有些微印记，还没有开裂，也算合格。

问：如何紧急处理伤口？

答：①无论是割伤、损伤和擦伤，都应该立即用无菌棉垫和纱布止血；②接着用酒精或其他杀菌药消毒；③然后用创可贴或纱布对伤处进行包扎，保证不会二次感染；④不得用嘴接触伤口，或是在伤口处呼气。

实用模板

餐厅餐具清洗消毒制度　　员工卫生检查考核整改通知单　　防火巡查、检查制度

消防安全教育、培训制度　　　　遗失报告单　　　　食品添加剂使用管理制度

专间食品安全管理制度

试题答案

一、1. D；2. C；3. D；4. D；5. B；6. D；7. D；8. D；9. D；10. D

二、1. √；2. ×；3. ×；4. ×；5. ×；6. √；7. ×；8. √；9. √；10. ×

三、1. 若发生食品安全事故，餐饮服务提供者应如何处置？

答：①立即停止提供可能导致食品安全事故的食品及其原料。②保留食品安全事故发生的现场，控制可能导致食品安全事故的食品及其原料流失，采集有关食品及其原料样品。③密切关注已食用这些食品的人员，一旦出现不适症状的，立即送至医院救治。

2. 食品安全监督检查人员对餐饮服务提供者进行监督检查的重点内容？

答：①餐饮服务许可情况；②从业人员健康证明、食品安全知识培训与建立档案情况；③餐饮加工制作、销售、服务过程的食品安全情况；④餐具、饮具、食品用工具及盛放直接入口食品的容器的清洗、消毒与保洁情况。